....i glaub, s'geht los!

Neues vom Saitenwurscht-Äquator
von
Sonja & Wilfried Albeck

Imbressum – oder was mr wissa sott

Texte: Wilfried Albeck

Illustrationen: Michael Gref

Bearbeitung und Gestaltung: Sonja Albeck

Erschienen im: Verlag Albeck, Flein

Kirchgasse 14, 74223 Flein
albeck@saitenwurscht.de
www.saitenwurscht.de

ISBN 978-3-9811-4956-2

Inhalt Seite

Inhalt Seite

„...i glaub, s'geht los!" (Vorwort)

Also, ganz ehrlich, wem von uns isch net scho mol so'n kloiner emotionaler Aufschrei nausgrutscht. Au wer sonscht nix zum saga hat, geht mit so ra Redewendung aus sich raus. Dr Mensch kann do drmit seine Empörung, seine Vowunderung oder Ugläubichkeit ausdrücka oder au sei Erschtauna und sogar seinen Reschpekt über Tatsacha und Entwicklunga, die ringsrum jeden Dag bassiern.

Des Schöne an dem Ausschpruch *„i glaub, s'geht los!"* isch, dass mr sich net so direkt drbei feschtlega muass, was mr drmit eigentlich saga will. Mr zeigt zwar, dass mr selber geischtich rege isch und von dem, was in dr Welt so los isch, doch a bissle ebbes mitkriagt, aber sich selber drbei d'Richtung schtets offahält. Mit so einem Ausschpruch kann mr zuaschtimma oder ablehna, bewundern oder verachta – frei nach dem Motto: *„So isch no au wieder"* oder *„wer hätt au des denkt"*. Mr derf selber saumäßich wichtich do und doch wunderbar im Ugefähra bleiba. Aber genau so wella mir's, so isch's uns am llabschta! Weil so kann oim koiner komma und behaupta, mr hätt so oder so gsa. Ja, mr befindet sich somit in ra absolut überlegena Position: Mr schwätzt mit und hält doch sei Gosch.
Vielleicht isch es der schwäbische Hintersinn, der sich sotte geniale Redewendunga irgendwann ausdenkt hat und wenn net scho früher, dann wär's schpäteschtens heut notwendiger denn je, mol laut und deutlich zu saga: ***„...i glaub, s'geht los!"***

Die Schlacht am Balkon

(ein frei erfundener Tatsachenbericht)

Die Kontrahenten: Zwei Nachbarn des ersten Stockes eines Mehrfamilienhauses mit Seite an Seite gelegenen Südwest-Balkonen. Der eine Nachbar wird hier im Text der einfachheitshalber mit ‚ich‘ bezeichnet, der andere, weil ein Seggel, wird nicht namentlich erwähnt.

* * *

Eigentlich hätt's a schönes Johr werda könna. Ofang Mai waret's scho über 20 Grad im Schatta und von de Eisheilige hasch du weit und breit nirgends oin gseh. Ideale Bedingunga also, um seine Balkonkäschta zu richta. Schtehende Geranien, drzwischa Husaraknöpfla und Männertreu – wie jedes Johr. Vier wunderschöne Achtzicher-Käschta für preiswert schtimmungsvolles Balkonien in heimatlicher Idylle. Beschte Voraussetzunga für genussvoll entschpannte Schtunda in gewohnter Umgebung.

Bloß hab i in dem Johr mein ‚Doltsche Vita uff Balkonia‘ leider bloß a paar Däg genießa könna, weil, kaum hab i mir's in meim kloina Königreich a bissle nett gmacht ghett, isch nebadro in dr Nachbrwohnung an neier Mieter eizoga. So oiner um die fuffzich, ehe-, kinder- und hemmungslos! Des kann ebbes werda, hab i denkt und genau so war's dann au. Oi Gehämmere und Gebohre, dass du's schier net ausghalta hasch. Zwei volle Däg Krach und Möbelumanondergerucke bis obends am neune (eigentlich an ganz rücksichtsvoller Eizug, aber des derf mr sich net glei omerka lassa, weil sonscht so'n Neier glei koin Mores vor oim hat).

Aber dann, am Samschdagmorga hat mir der Neizuagang doch bewiesa, was'r für oiner isch. Lupft doch der Dagdiab sechs überbreite Meterkäschta uff sei Balkongländer mit Pflanza drin, wo i meiner Lebdag no nia gseh ghett hab. Drzua no a ganzes Dutzend Riesakübel voller Zeigs, wo glatt aus dr ‚Wilhelma' hätt gschtohla sei könna. Rotzfrech hat sich dieser Ogeber uff seine zehn Quadratmeter an botanischa Garta inschtalliert – ohne sich vorher mit mir abzuschprecha!

I glaub, s'geht los! Kaum a Woch im Haus und scho dr Käs! No am gleicha Mittag bin i mitsamt meim Ohängerle ins Gartabausuperfachgschäft pfiffa und hab eiglada, was s'Gwächshaus hergeba hat. Hauptsach kontra! Ja, du derfsch doch als direkter Nachbr so a freche Herausforderung net oifach uff dr sitza lassa! Wenn du do net glei ebbes duasch, hasch du sonscht beim Bluamaschmuckwettbewerb s'Arschkärtle zoga.

Innerhalb von oim Wochaend war also wieder Waffagleichheit hergschtellt und i hätt mi eigentlich zfrieda geba müassa. Bloß isch diesem Saunachbr sei Ukraut doppelt so schnell gwachsa wie mei edle Botanik. Ganz beschtimmt hat dieser liadriche Querulant uerlaubte Mittel gega mi eigsetzt, denn kaum war's Mitte Mai, hasch du fascht nimme zu dem Ruheschtörer nübergugga könna. I hab hälinga seine Mülloimer nach vodächtiche Packunga durchsuacht und dann tatsächlich dr Beweis in de Händ ghett. Dieser elende Sauigel hat englischa Raketadünger gega mi in Schtellung bracht – ,*Supergreen-rocket mit echtem Guano*'! So ebbes perfides! Scheißteura Vogeldreck, wo se wehrlose Schturmtaucher unter'm Bobbes wegkratzet, kippt mein Nachbr ugfrogt in sei Wildnis nei. Ha des isch doch gega jede Hausordnung!

Noch am gleicha Dag hab i mir a Halbzentnersäckle Blaukorn bsorgt, um diesem Seggel

BLAU
KOR

mol oschtändich d'Moinung zu geiga. A zentimeterdicke Breitseita hab i uff meine Kübel und Käschta druffpfeffert und hinterher au glei ordentlich eigschwenkt. „Sodele“, hab i denkt, „der wird net schlecht glotza!“

Bloß isch der Schuss irgendwie nach hinta losganga. Wo i am nägschta Morga nach meim Urwald hab gugga wella, hab i schier meine Auga net traut. Meine teure Hochgewächse hent als traurige Gschtalta ihre schwarze Blüata und Blättla in Himmel gschtreckt, dass mir's ganz Elend worda isch. I hab schier s'Blärra net voheba könna, aber trotz beschter Pflege isch mei ganzes schönes Zeigs hie gwä und nebadro hat mr's regelrecht wuchern höra könna.

Gschwind hab i überlegt, wellem Rechtsowalt i die Sach übergeba soll, bloß, wo i uff meim Blaukornsäckle glesa hab, dass die Körnla für dr gröschte Garta glangt hättet, war i mir wega dr Schuldfrage nimme so sicher. I hätt den Brozess zwar gwonna, aber im Sinn von ma guata nachbrschaftlicha Vohältnis hab i ausnohmsweis uff a Ozeig vozichtet. Schtattdessa hab i mir mit ma schtabila Sichtschutz gholfa, weil i oifach meim Nachbr sei Querulantagschtrüpp net länger hab mit ogugga könna.

Noch bevor i mit dr Gartascher meine ermordete florale Mitbewohner in blaue Säck neigschtopft hab, isch des teure Ding mit Zwölfer-Dübel und ma eiklemmta, ehemols grüana Dauma in dr Hauswand voankert gwä. Als letschte Gegamaßnahme und dass uff meim Balkon wenichschtens a bissle ebbes Grüa's zum seha war, hat mein groβa ‚Benjamin' aus'm Wohnzimmer herhalta müassa. Doch au dieser langjährige treue Begleiter hat sich gega mi uffglehnt und gmoint, er müasst mir nach zwei Schtund Sommerfrische wega Sonnabrand d'Freindschaft kündiga.

Notgedrunga hab i also Ende Mai bereits d'Weihnachtsdekoratio in meine Käschta neigschteckt, damit sich wenichschtens ebbes dene neigierige Blicke vom Trottwar entgegaschtellt. Doch au des hat net viel gnützt, weil, wenn mr scho a Dreivierteljohr vor dr Zeit mittels Rentierschlitta Blinkzeicha gibt, hasch du d'Uffmerksamkeit halt dodsicher uff deinra Seita.

So war in dem Johr eba net wirklich an a ruhiges Balkonleba zu denka und i hab mi sicherheitshalber ins Wohnzimmer zrückzoga, scho damit i mir des Gelächter uff dr Schtrooß net hab ohöra müassa. Aber in mir drin hat's

gschafft und dr leicht geknickte Balkongärtnerschtolz hat hälinga uheimliche Wurzla trieba. Schließlich hab i jo monatelang Zeit ghett, um mir fürs nägschte Frühjohr gega mein Nachbr a durchschlagende Schtrategie zu überlega.

Nach wenige Wocha war i mir sicher, wie i diesem hinterhältiga Scheraschleifer in Zukunft s'Wasser abgraba kann. Im Internet hab i mi über vollautomatische Bewässerungssyschteme schlau gmacht, hab mir vorsichtshalber zwei Riesakanischter ‚Supergreenrocket-Vogelscheißdreck' bsorgt, bin scho im Herbscht in jeden erreichbara Gartacenter und Baumarkt, um mit Kübel und Käschta uffzurüschta, dass in dr Garasch mei Auto koin Platz meh gfunda hat. Aber sotte leichte Uonehmlichkeita muass mr in Kauf nehma, wenn mr Balkonkönich sei will!

Ja und scho Ende März hab i mir beim Gärtner meines Votrauens alles mit de ausgfallendschte und gröschte Sacha eipflanza und vortreiba lassa. Sogar in die extra teure Bluamaerde, wo oin alloi scho dr Sack mit ‚Sie' ogschwätzt hat. Für den Sieg über mein hemmungslosa Nachbr war mir jedes floralradikale Mittel recht.

Gell und am fuffzehnta April bin i zwischa acht und zehn Grad Celsius als erschter vom ganza Wohngebiet zum Direktogriff über-ganga. Dr Gärtnermeischter hat zwar gmoint, er däd liaber no a paar Däg warta – weg'm Wetter und so, aber der hat jo au koi so'n abgschlagena Nachbr wie i. Bis in dr letschte Winkel hab i mir mein Balkon uffgrüschtet, dass schiergar d'Schtatik an ihre Grenza komma isch. Eine dermaßa überwältigende Blüta- und Blätterpracht, der sich nix meh hat entgegaschtella könna. Zwar hat mein Liege-schtuahl koin Platz meh gfunda, aber wenn mr a Ziel vor Auga hat, muass mr halt au Opfer bringa und als echter Pflanzafreind lässt sich dr Sommer au uff ma kloina Hocker-le genießa.

Und wirklich, die Abschreckung hat Wirkung zeigt. Mein Nachbr hat net oin Muggs meh do. Koin Kaschta und koin Kübel hat sich meh uff dem sein Balkon naus traut. Sieg uff dr ganza Linie!

Die erschte paar Däg war i voller Euphorie über mein zrückeroberta erschta Platz, aber dann isch mir's doch komisch vorkomma. Hat mein florales Feindbild womeglich einen Schock erlitta oder sich gar vor lauter Ärger a bissle s'Leba gnomma? Normal hätt mir des scheißegal sei könna, bloß, wenn mr scho sotte Usumma für so an elenda Blitz ausgibt, no sott'r sich's halt gfällichscht au ogugga!

Und wie wenn er's ghört hätt, dass i grad rein gedanklich über ihn herzoga bin, hat's an sellem Obend gschellt und mein Möchtegern-Botaniker isch vor dr Tür gschtanda. „Resch-pekt", hab i denkt „jetz geschteht'r tatsächlich sei Niederlage ei!"

„Hallo, lieber Herr Nachbar", hat'r gloga und mir d'Hand gschüttelt. Er häb sich in dem Johr, seit er jetz do wohna däd, so guat eiglebt und au im ganza Haus immer so a schönes Mitanonder ghett, dass es ihm saumäßich leid do däd, dass er in vierzehn Däg gschäftshalber scho wieder ausziaga müasst. S'wär ihm wirklich ganz arg, weil'r sich doch grad mit mir bsonders guat voschtanda hätt. Kaum, dass'r ausgschwätzt ghett hat, war'r mit ma leichta Grinsa au scho wieder in seinra Wohnung voschwunda.

Wenn mi jetz in dem Augablick ebbern gseh hätt, wär'r net schlecht voschrocka. Gleichzei-tich isch mir an kalter Schauer über dr Rücka gloffa und n'siadichheißer Schuss ins Hirn gfahra. Wie feschtgwurzelt und rausgrissa mitnonder bin i do gschtanda und innerlich isch mein Siegestaumel in brutaler Erkenntnis unöticher Ukoschta schmerzhaft vodörrt. So ein Bockschpitz, so ein ausgmachter. Hätt der mir des net scho vor ma halba Johr saga könna? I schaff und dua, schmeiß mei sauer vodient's Geld zum Balkon naus und der Trialer macht sich aus'm Schtaub!

Ehrlich, die Weltuntergangsschtimmung, in die i mi an sellem Obend hab falla lassa, war au mit zwei Fläschla Trollinger nimme zu retta. I hab wirklich nix meh wissa wella und bin mit zweiahalb Bromill scho am halber achte im Bett vosunka, was leider an dem Uglücksdag net ubedingt s'Beschte gwä isch. Ausgrechnet an sellem Obend hätt sich's vielleicht glohnt, dr Wetterbericht ozugugga. Denn obwohl i für alle Fäll mit Luftpolschterfolie und Heizschtrahler hätt Vorsorge treffa könna, isch's dr ‚kalta Sofie' leicht gfalla, ihre eiskalte Finger nach meinra hochtriebena Pflanzapracht auszuschtrecka. Bloß, weil i mit sechs Viertel gfruschtet im Nescht glega bin, hat's des elende Saumensch fertichbracht und mein Balkon nundergfröschtelt.

Diese traurige Gsichtla, mit dene mi meine gmeuchelte Bluamakinder am nägschta Morga oklagt hent, waret vollends z'viel für mi. Sotte Schicksalsschläg hält au dr schtärkschte Ochs net aus. Mit Träna in de Auga und ma endlosa Schwall von Gwaltausdrück hab i dr ganze Rotz wieder mol in meine blaue Säck neischtopfa könna. Des isch weiß Gott au dr teuerschte Komposcht gwä, wo i je in meim Leba in'd Biotonne pfeffert hab. Und ehrlich, i kann's zwar net beweisa, aber i hätt schwöra könna, dass die ganz Schtrooß und vor allem dieser Elendsnachbrseggel mir drbei hinterm Vorhang zuaguggt hent.

Aber die sollet doch alle macha, was se wellet. Die sollet sich doch wega mir a blühendes Barock oder sonschtwas uff dr Balkon hocka, des noddelt mi nimme.

Weil, ehrlich, wega mir kann jeder do und lassa was'r will – des isch mir doch egal…

* * *

Wer gega dr Wind schifft,
kriagt nasse Boiner.

dr Langschläfer

(des kann koin rechter Dag sei,
der scho mit Uffschteh ofängt)

Dr Sonnaschei voll Wärm‘ und Glanz
drückt rei in’d Schtub und oisaganz
isch alles, was im Dunkeln war,
uff oimol hell und sonderbar.

Wo vorher Nacht, isch Licht und Schatta,
wo vorher schwarz, isch Farb und Kraft –
s’geht wie von Zauberhand vonschtatta,
was s’Sonnalicht am Morga schafft.

Voschloofne Geischter werdet munter,
es regt sich überall im Haus.
A mancher blinzelt no voschrocka
und reibt sich sachte d’Äugla aus.

Die Welt erwacht, ringsrum, do wuselt’s,
i schlupf ganz tief in’d Decka nei.
Vor so viel Leba, noi, do gruselt’s
mir jeden Morga wieder neu.

I däd so gern no liegableiba,
bloß no a Schtund, i gäb was drum.
I bin so miad, was soll i macha,
um die Zeit raus, des wär mir z’dumm!

Dr helle Morga isch zum Fürchta,
so hart, so grell – s'isch nix für mi.
Wenn's so in Dag geht bin i ehrlich
scho bis am neune halber hie.

Vielleicht hat irgendebber Mitleid
und sorgt sich um mei Seelaruah
und macht mr, oh wie wär des herrlich,
von drauBa d'Fenschterläda zua…

* * *

Am Nescht kann mr seh,
was für Vögel drin hauset.

So geht's au

Nix do,
koin Schtreich,
koin Fatz,
koi bissle.

Nix könna,
nix fertich bringa,
nix z'weg bringa,
koi Muggaseggele.

Nix macha,
schtinkfaul,
überhaupt gar nix,
nullkommanix,
no wenicher wie nullkommagarnix.

Geht au,
ganz guat sogar,
wenn mr sich's leischta kann…

Zu Risiken und Nebenwirkungen...

Leit, es isch doch heitzudag so, dass oin bald nix meh aus dr Ruah bringa kann. Dr ganze Dag schtrömt so viel Gruscht uff oin ei, dass mr mit dr Zeit vollgschtopft isch mit lauter oberwichtiche Informationa, wo oin am End, weil's oifach z'viel isch, überhaupt nimme intressieret. Desweg wär's wirklich scho schiergar an mir vorbeiganga, was allaweil obends zwischa siebene und achte in dr Glotzkischta los isch.

Wenn du's nämlich fertich bringsch, dir mol mit wachem Geischt unser oschpruchsvolles Vorobendprogramm neizuziaga, merksch du schpäteschtens in dr Werbepause, was bei uns im Land los isch. Denn do hockt die abgeschlaffte Zielgruppe *‚fünzich plus'* mit ihr'm Viertele oder Flaschabier vor dr Flimmerkischt und muass sich saga lassa, wie morsch und hinfällich ihr'n menschlicha Körper isch.

Dene otriebslose Vor-, Mittel- und Endruheschtändler, die um die Zeit koin Schtreich im Garta oder am Häusle schaffet, sondern ihrn gschwollena Bauch uff dr Schessloh oder in Sessel leget, wird jeden Obend mittels Werbung eitrichtert, was se alles zum Glücklichsei brauchet.

In kurzer Abfolge kriaga die jeden Obend s'passende Mittel gega Inkontinenz, Flatulenz, noochlassender Intelligenz und Potenz vorgsetzt, dass's oim ganz onderscht werda könnt. Mr muass sich ohöra, dass Magnesium, Kalzium, Vitamine von A bis Z, Beinwellwurzel- und Traubablätterextrakt, Enzymkügela, Allgäuer Laatschakiefer und a selber voschriebene Kur nötich sind, um net vorzeitich aus de Laatscha zu kippa. Tausend Pilla, Pülverla und Tinktürla solla oim um die Zeit nahelega, dass mr sein abgschlaffta Ranza von alloi gar nimme in Schwung bringa kann. Mr soll sich mit Unterschtützung der Pharmainduschtrie gleichzeitich gega Hoorausfall, Hexaschuss, Schädelbrumma, gschwollene Füaß und Übergwicht wappna. Mr soll dr Voschtand ausschalta und eiwerfa und eischmiera, was dr Geldbeutel hergibt. Falls vielleicht dr oi oder ondre Körper net alles votraga duad, gibt's obadrei au no s'Passende gega Hautausschlag, Bettnässa, Sodbrenna und Voschtopfung. Und all diese Segnunga der eifallsreicha Pharmainduschtrie

HAARAUSFALL
Sodbrennen
Inkontinenz
FUSSPILZ
Chips

gibt's als Unterbrechung, also als Schtörung von unserm wahrscheinlich ansonschta gänzlich sinnfreia Vorobendfernsehprogramm.

Gell und wenn du jetz no net zu viele Viertela oder Feierobendbierla drunka hasch, dann merksch's selber, dass genau du uff deim Schessloh die Zielscheibe bisch, uff die die ganze Werbemacher schiassa wellet. Weil du mit deim widerschtandslosa Konsum genau des Rädle bisch, des die ganze Sach am Laufa hält. Ja, denn genau in dem Augablick, wo du dir völlich gedankalos zwanzich solche Werbeschpots ins Kloihirn zoga hasch, fühlsch du dich automatisch krank und brauchsch zur Linderung uff dr Schtell mindeschtens ois von dene Mittela, die dich eigentlich eba erscht uff die Idee bracht hent, dass dir ebbes fehla könnt.

Guat, die Schlussfolgerung isch uff dr erschte Blick a bissle gewagt, weil mr so a hinterhältiches Vohalta vielleicht noch dene private Fernsehsender, aber doch net dene von uns selber finanzierte öffentlich-rechtliche Oschtalta zuatraua däd. Bloß, soweit soll jo die Zielgruppe *‚fünfzich plus'* eigentlich gar net denka. Aus dem Grund werdet se au in Kürze wieder diese Gingko-Mittela aus'm Programm nehma müassa, denn trotz aller Beteuerunga sollet die Leit zwar gsünder, aber net ubedingt gscheiter werda. Gell und zu gsund natürlich au net, sonscht däd sich die Pillamafia jo selber d'Kundschaft hie macha.

Unsre Televisions-Wunderheiler, die ‚Doktor Liebling' und wie se alle heißet, lasset sich alledritt a neue Krankheit eifalla, gega die se dann sofort a neues teures Mittele parat hent. Und für alle, die trotz sämtlicher werbepsychologischer Bemühunga doch no irgendwelche Zweifel hent und sich dem allgemeina Pseudogesundheitswahnsinn widersetzet, gibt's regelmäßich a neies Rentnerbravo, also a neies Apothekerblättle, des uff jede ugschtellte Frog kompetent Antwort und Lebenshilfe geba kann.

Des Reschtrisiko bei der ganza Gschicht isch drbei leider bloß dr Mensch. Weil diesen arma Schlugger, der wo alles über sich ergeha lassa und am End au no zahla muass, den sott's drbei eba au in dr Schpur und am Leba halta – net, dass'r vor lauter Gsundheit am End no dr Geischt uffgibt. Des wär dann wirklich a uerwünschte Nebawirkung...

Ugsunde Lebensweis

Kommsch du au am Sonndich zum Fred seim Neunzigschta?

Natürlich, des lass i mir net nehma. Neunzich Johr, des isch scho a schönes Alter.

Ja, so weit bringt's net jeder. Do muass mr scho selber ebbes drzua do.

Also, ob i mol so alt werd, des weiß i net. Do drfür leb i net gsund gnuag.

Ach woher, des hat nix zum saga. Dr Fred, der hat au sei ganz Leba lang graucht und au ma guata Gläsle Wei isch der nie abgneigt gwä. Gell und bei ondre Sacha hat'r au nix nausglassa – und isch onnaweg so alt worda.

Des will fei nix heißa! Wenn der net graucht und drunka hätt, no wär der heit scho hundert!

Schlechte Aussichta

Mordsgschrei

Mordskrach

Mordshitz

Mordsdreck

Mordsgwitter

Mordssauerei

Mordsgschäft

Mordshunger

Mordsdurscht

mordsmäßich

Wenn des so weitergeht,
voleb i's nimme...

Abschiedsbriefe

Mit dir hab i's net guat getroffa,
denn du hasch Dag und Nacht gesoffa.
Du fühlsch dich schlecht? So isch es recht!
Im letschta Fläschle war Arsen –
a letschtes Mol ‚zum Wohl' – *Mareen*

*

Früher warsch du rank und schlank,
heut frißsch, als wärsch du geischteskrank.
Hasch hundert Kilo Übergwicht
und jammersch rum vor lauter Gicht.
Doch so ma Seggel kann's bassiera,
dass d'Bremsleitunga Druck voliera,
weil zügellose Völlerei
führt oftmols frühen Tod herbei.
Bis dortno guaten Appetit
und guate Fahrt – wünscht deine *Gritt*

*

Nach kurzer Zeit scho hab i gseh,
dass i halt meh uff Fraua schteh.
Jetz weiß i erscht, was Liebe isch
und dass du net mei Schätzle bisch.
Ich hoffe du bleibsch guater Dinge –
– vom ondra Ufer grüßt dich – *Inge*

Bier

Noch pfennichguat!

Also, um es glei vornaweg zu saga: Manche Sacha in ma Haushalt sind von bleibendem Wert, sind sozusaga uvogänglich und hebet mit ma bissle Pflege praktisch a Leba lang.

Desweg isch es für einen ansonschta schparsama schwäbischa Mo au gar net eizuseh, wenn sich sei Frau nach guat 25 Johr treuer Dienschte a neie Eibauküch in Kopf setzt. Bei uns im Schwobaland isch a Qualidäds-Eibauküch, so wie unsre drhoim, eba an Wertgegaschtand, wo ewich hebt. So ebbes überschteht dr tägliche Eisatz von Haus aus ohne Vofallsdatum. S'oinzichschte, was in so ra guata Küch vielleicht mol dr Geischt uffgibt, isch womeglich dr Küahlschrank oder au d'Schpüalmaschina. Doch was an gschickter Heimwerker isch, der kann sich au dort s'meischte schpara und mit a bissle frischem Silikon oder grüanem Draht selber repariera.

Doch seit sich unsre Freind vor'a Weile a neie Küch hent eibaua lassa, herrscht bei uns drhoim dr Notschtand. Denn seither kann mei Frau mit ihrem noch fascht neia Luxusmöbel nimme kocha. Drbei schteht doch in koim Kochbuach drin, wie alt so ebbes sei derf, damit's oim nimme schmeckt. Doch sie beweist mir jetz regelmäßich, dass se so uff koin Fall meh weiterleba könnt.

Uff oimol hänget Törla schief, wo sich johrelang koiner dro gnoddelt hat. Uff oimol däd alles quietscha, wär ausgleiert und abgnützt, wo mr doch grad an solche Sacha sieht, dass au ebbes gschafft wird. Also im Prinzip an sichtbarer Beweis und do drmit a Riesakompliment für jede fleißige Hausfrau. Scho desweg derf mr so ebbes Wertvolles net oifach uff dr Schperrmüll schmeißa!

Und ganz ehrlich, mir denkt's no wie heut, wie viel sauer vodiente Deutsche Mark meinra Frau ihrn Arbeitsplatz domols koscht hat. Ja i hab mir sogar die Mühe gmacht und mol ausgrechnet, wie viel bares Geld jeden Dag mit vokocht worda isch. Und tatsächlich isch seither sage und schreibe oi ganze Mark bei jedem Frühschtück, Mittag- und Obendessa ubemerkt mit vofressa worda. Des Geld däd mr jetz, wenn mr sich koi neie Küch oschaffa däd, jedesmol schpara. Do müasst's oim doch grad nochmol so guat schmecka. Für mi wär

AB SOFORT BLEIBT
DIE KÜCHE KALT !

des an kulinarischa Hochgenuss seinesgleicha!

Aber net für mei Frau. Uff oimol schtört se sich an Sockelleischta, obwohl die scho seit drei Johr fehlet. Uff oimol will se wieder durch'd Backofascheib gugga könna. Urplötzlich könnt se die grüane Fliesa nimme seh, wo se doch domols ubedingt hat haba müassa. Gar nix isch meh recht gwä! Drbei hat se sich selber erscht vor zwanzich Johr alles wunderschö mit ‚Prilblüamla' dekoriert und heut gfällt's ra scho wieder nimme. Also so ebbes Wechselhaftes wie des weibliche Gschlecht gibt's so schnell nimme. Nach so langer Zeit ghört ebbes Neis her, hat se mir immer wieder vorghalta und i hab mir's net vokneifa könna und hab gmoint, dass i au grad so lang voheiert wär…

Es isch ein Elend, aber was willsch macha. Wenn sich die Fraua mol ebbes ins Hirn neigsetzt hent, gibt's koi Halta meh. Als Mo hat mr mit sotte Tatsacha jeden Dag sei liabe Not. Mir Männer sind halt, wenn's um so unütze Geldvoschwendung für ebbes geht, wo oin ohne weiteres vollends nausheba däd, scho von Natur aus viel genügsamer. Wenn mir uns alle paar Johr nach ma größra Auto umgugged, hat des nix mit Geldvoschwendung z'do. Beim Autokauf schteht alloi die Sicherheit im Vordergrund und rechtfertigt jede Geldausgabe, aber sieba Airbäg, automatischs Kurvalicht und Eiparkpiepserla brauchsch du in ra neua Küch halt net!

Doch au an eiserner Wille wie dr meine setzt mit dr Zeit a bissle Roscht o und irgendwann waret meine Nerva no blanker wie unser Edelschtahlschpülbecka mol gwä isch. So hab i mi bald druff an ma ansonschta schöna Sonndichnachmittag zum Probegugga in ra Küchaausschtellung wiedergfunda, wo mi mei ruhelose Kampfköchin neigschleift hat. Zuageba, mr hat heut ondre Farba und Materialia, aber des isch eba alles bloß a Modeerscheinung und so a zeitlose Küch wie unsre isch doch ganz gwieß scho in zehn Johr wieder hoch modern.

Zum guata Glück war an dem Mittag aber bloß Ogugga erlaubt, weil do scho dr Gesetzgeber aus guatem Grund und Mitleid mit de geploogte Ehemänner d'Beratung vobota hat. Doch au do drvo hat sich mei Frau net abschrecka lassa und glei für d'Woch druff an

Termin bei uns drhoim ausgmacht. Natürlich ganz uvobindlich und ohne Hintergedanka...

Wo no der Küchaprofi a paar Däg später zu uns komma isch und siegessicher unser schöne, wie gsa fascht neie Küch gseh hat, hat'r schier d'Händ über'm Kopf zammagschlaga. Er hat ganz hinterhältich gmoint, dass'm so ebbes Antiquarisches scho lang nimme vokomma wär. Ja, hab i denkt, der Mo kommt viel rum, der sieht, was an Wert hat! Jetz war der Kochmöbelexperte uff sotte wie mi wahrscheinlich beschtens präpariert und hat mir erschtmol a volle Breitseita geba. I wär ein Fortschrittsbremser, ein Hausfraua-Luschtvoweigerer – ein Geizkraga also. Er könnt überhaupt net voschteh, wie's mei Frau so lang mit so ma konsumvoweigernda Auslaufmodell wie mir überhaupt ausghalta hätt.

So! Do hab i's ghett für fünf Pfennich! Der Frauavoschteher war wahrscheinlich kurz vorher uff ma Lehrgang und gega notorische Klemmer, Pfennich-Dreimolrumdreher und sonschtige schwäbische Ehemänner uffghetzt worda. Denn jetz hat der Küchafritze sein ganza Eibauküchamöbelkatalog von dr Leine glassa. Mr bräucht heut Schublada mit

Selbschteizug, indirekte Beleuchtung, dreh- und schwenkbare Ablageböda, frei schtehende Kochinsla, übergroße Keramikschpüalbecka, superpflegeleichte Oberflächa, Kaffeevollautomata, eibaute Radio mit MP3-Schpieler, exklusive Granitarbeitsplatta, amerikanische Luxusküahlschränk, Dampfgarer, Großflächagrill und individuell uff'd Körpergröß abgschtimmte Arbeitshöha. Drzua noch italienische Disainerfliesa und au bei de Armatura nur s'Beschte vom Beschta. Obadrei natürlich noch Rundumsanierung von Boda, Wand und Decke. Also oifach an ergonomisch durchdachter Wirkungsraum und endlich wieder Freid am Leba!

Batsch, des hat gsessa! Uvoblümt hat mir der Kücha-Uffschwätzer vorghalta, dass des hausfrauliche Luschtempfinda direkt vom Alter der Eibauküch abhänga däd und hat desweg zur Wiederbelebung desselba scho mol an groba Uffriss zu Papier bracht. Natürlich mit alle Raffinessa, uff die er mi jo grad eba erscht mental vorbereitet hat. Dass i mi über die ganze Zeit eher a bissle dischtanziert vohalta hab, hat dem Kerle drbei nix ausgmacht. Do drfür isch mei Frau umso intressierter an seine Lippa ghanga.

Bloß, wo er dann grob überschlaga hat, was denn sei uffkritzelte Raumschiffausschtattung so ugfähr koschta däd, hat mir's d'Glotzböbbel nausdrückt. So um die 40.000 Euro müasst mr scho inveschtiera, wenn mr uff dr Höhe dr Zeit bleiba wöllt, aber des sei guat oglegtes Kapital, wobei er von dem Freindschaftspreis natürlich scho dr Hausrabatt und Skonto abzoga hätt.

Ehrlich, i hab mi net so gfühlt, als ob i dem Kerle sein Freind wär. Mir isch's eher so vorkomma, als ob mir der Schparschweinmörder grad d'Fiaß abgschlaga hätt. Der Küchaguru hat doch tatsächlich die Koschta von ma halba Oifamiliahäusle uff knappe zwölf Quadratmeter unterbracht und diese Geldvoschwendung au no als Liebesbeweis für 25 Johr ubezahlter Küchaknechtschaft für ganz normal bezeichnet. So viel müasst ma liebevolla Ehemo sei Frau wert sei!

Wenn's nach dem Dummschwätzer seine Schulungsunterlaga ganga wär, hätt i jetz beschtimmt a schlecht's Gwissa kriaga und glei unterschreiba solla. Doch wenn's um so viel Geld geht, isch bei mir gar nix meh liebevoll, do herrscht dr eheliche Ausnahmezuschtand! Do voklemmt sich bei mir dr Geldbeutel vollautomatisch!

„Des muass au günschticher geh!“, hab i gschria und mi jetz guate drei Schtund intensiv mit dem größawahnsinnicha Küchaprophet an dr Tisch ghockt. Dass sich mei Frau und der Schtarvokäufer ab und zua hälinga zuablinzelt hent, isch mir net so direkt bewusst worda. Vielleicht waret au meine Antenna durch diese Riesasumme, wo die zwei zum Küchafenschter hent nausschmeißa wella, a bissle blockiert.

Was soll i saga, am End hab i den Küchamöchtegernvokäufer uff Kunschtschtoff, Holzoptik, Schtandart und's Nötichschte runterdrückt und do drmit glatte 25.000 Euro gschpart. Also so an Schtundalohn muass mir erscht mol ebber noochmacha. Do muass erscht oiner wie i komma, wo sich s'ganz Johr bloß zum ‚Ebbes-aus'm-Küahlschrank-hola' in dr Küch seh lässt und so ma indirekt beleuchteta Hausfrauabeglücker saga, wo's langgeht.

Ja und wo mei Frau gmerkt hat, dass i von Abwehr- in Siegerschtellung umgschwenkt hab, hat se nimme onderscht könna und mir

Kauf
Vertrag

als männlich-überzeugendem Vohandlungsschenie bewundernd zuaschtimma müassa und gsa: „Also wenn'd ubedingt a neie Küch willsch, no geb i halt nooch." Sie hat mir durch die Blume zum voschteha geba, dass i mi mol wieder durchgsetzt hätt und so hab i ihr gönnerhaft no a paar kloine nebasächliche Extras für kaum 5.000 Euro zuageschteh müassa. Hauptsach, i war dr Gröschte.

So war also dr Damm brocha, die nei Eibauküch unter Dach und Fach und dr Kaufvotrag unterschrieba. Bloß, irgendwie werd i bis heut den Vodacht net los, dass sich mei Frau und der Küchamensch vorher über die Taktik abgschprocha hent, wie se mir am beschta s'Fell über d'Ohra ziaga könnet. Denn die zwei hent sich dermaßa ogrinst, obwohl i doch dene ihre Wunschträume nach Schtrich und Fada runtergschraubt hab.

Aber was soll's, i hab jo scho immer gwisst, was i für ein Saudinger bin. Und so hab i meinra beneidenswerta Gattin mol wieder saga müassa, was für an Dusel sie ghett hat, wo se mi domols gheiert hat.

Weil, ehrlich – ohne mi däd se zu nix komma.

Persönliche Freiheita

I sag so und du so.
I mach so und du so.
I denk so und du so.

S'isch nix drbei,
s'isch halt so
und s'isch au weiter's net schlimm,

weil im Übricha
sind mr jo beinonder –
mei Frau und i.

* * *

„Wenn mr alles wissa däd, was mr net weiß,
no däd mr vielleicht a bissle meh wissa,
aber womeglich will mr's jo gar net...“

Sauberkeitstheorie

Schwäbische Fraua butzet gern,
weil se's so glernt hent,
weil se's sauber haba wellet,
uffgräumt, ordentlich und gschleckt.
So fühlet se sich wohl,
so lässt sich's leba –
feucht nausgwischt und gwienert.

Schwäbische Fraua butzet au
desweg so gern,
damit's ihre Männer drhoim ognehm hent,
uffgräumt, ordentlich und gschleckt.
Damit se sich wohlfühlet,
obwohl se's net merket, wie schö se's hent –
aber do drfür
feucht nausgwischt und gwienert.

Ja wer weiß, ob bei uns im Land a Frau
überhaupt an Mo kriaga däd,
wenn se net sauber wär, net butza könnt –
uffgräumt, ordentlich und gschleckt.
Damit mir Männer uns hälinga
wohlfühla könnet –
feucht nausgwischt und gwienert.

Und solang diese, für schwäbische Fraua
lebenswichtige Frog net endgültig klärt isch,
butzet se eba weiter.
Au in de Ecka und in de Ritza
und suachet dr Dreck –
wenn's sei muass mit Gwalt…

Die Ballade vom Geiger's Fritz

oder

das dicke Ende

Dr Geiger's Fritz von Neckarrems,
der schlooft, wenn's sei muass
schtänderlängs.
Hat seiner Lebdag nie was gschafft,
doch schiabt'r Kohldampf Dag und Nacht
und geht drbei, so mit dr Zeit,
vonander wie'n Hefedeig.

Der könnt, mr bräucht'n gar net zwinga,
ugschtreift a ganze Sau voschlinga.
Duad net oin Schtreich dr ganze Dag
und isch au sonscht no, wenn i sag,
an Trialer und an Dundersblitz –
so isch'r halt, dr Geiger's Fritz.

Doch geht's uff zwölfe – Mittagszeit,
no sieht mr'n saua wie net gscheit.
Als erschter hockt'r in dr ‚Linde',
im Eck, am Schtammtisch dort, ganz hinta
und schiabt und schaufelt in sich nei.
Wie kann mr so vofressa sei?

Wenn irgendwo was übrichbleibt
erklärt'r sich sofort bereit.

Butzt alle Teller blank und leer
(sei Gwicht kommt net von ugefähr).

Er schmatzt und schnauft mit rotem Meggel,
vodrückt au no dr letschte Breggel
und basst vor lauter Fresserei
scho schiergar in koi Hos meh nei.

‚So wie mr schafft, so däd mr essa‘,
des Schprichwort, des kannsch grad vogessa,
weil ehrlich, nehmet mir’s net krumm,
beim Geiger’s Fritz war‘s onderschtrum.

*

S’war neulich Wettkampf-Fresserei
beim Luigi in dr ‚Trauba‘.
Natürlich war dr Fritz drbei,
des derfsch mr fei scho glauba.

Net oimol hat des oiner gschafft,
so‘n Riesaschlag zu essa.
Doch wer’s net zwingt isch selber schuld
und derf dr Bettel blecha.

Dreiahalb Kilo Schnitzelfleisch,
so groß wie’n Abortdeckel,
schtopft’r dort ugschluggt in sich nei,
dr Fritz der Allmachtsseckel.

Drzua an halba Sack Pommfritt
und a klois Fässle Bier.
Ja Luigi, do kommsch nimme mit,
dr Fritz isch halt a Tier.

Dr Wirt isch sichtlich irritiert
und glotzt dumm aus dr Wäsch,
weil obadrei zum erschta Platz
gibt's hundert Euro cäsch.

Obwohl dr Luigi braun gebrannt
kriegt'r z'mol so a Bleiche,
denn unser Fritz hat no net gnuag
und bschtellt sich nomol s'Gleiche.

„Wer schafft braucht Kraft“, so saget d'Leit.
Des Schprichwort irrt von Zeit zu Zeit.
Dr Geiger's Fritz, des kann mr seh,
isch do drbei a Ausnohm gwä.

*

S'war Tombola vom Gsangvoroi,
do hat'r neba Bier und Wei
für fuffzich Cent, des isch net gloga,
ja leck me'm Arsch, dr Hauptpreis zoga.
‚Zum Schluchsee, Halbpensio, zwei Wocha‘,
grad s'Rechte für den faula Knocha.

Doch noi, der Gwinn, der basst'm net,
weil er's gern liaber onderscht hätt:
Er ging alloi mit Vollpensio,
denn do, do häb er meh drvo!

Mr wird sich oinich und bald druff,
do fährt dr Fritz in Schwarzwald nuff.
‚Hotel zur Tanne', wirklich schee
und hockt sich glei scho ans Büffee.

Dreimol am Dag, s'isch net zum saga,
do hört mr's aus dr Küche klaga:
„Oh jeminee, welch grande malheur,
dr Geiger's Fritz butzt alles leer!"
Hoch über Schwarzwalds Tannawipfel
treibt er's mol wieder uff dr Gipfel
und's bleibt im erschta Haus am Platz
für ondre Gäscht bloß Bodasatz.

Doch nach zwei Wocha isch vorbei
mit koschtaloser Völlerei
und selber kocha duad'r nix
(er isch halt z'faul, dr Geiger's Fritz).
Er däd's scho gar net erscht probiern
und selber mol was zammarühm.

Drum duad'r halt ins Wirtshaus hocka,
schlingt in sich nei, ob Brüah, ob Brogga,
däd sich am liabschta zweimol bschtella,

doch des, des braucht'r gar net wella,
weil mit seim bissle Rentageld
käm er net weit uff dieser Welt.

*

Doch vor ra Weil, gugg wie'r lacht,
do hat a neu's Lokal uffgmacht.
Für sieba Euro fuffzich nur
gibt's do jetz Dag für Dag tuschuur
‚all you cän eat', was neibasst eba.
Ha des isch für dr Fritz a Leba!

Fünf volle Teller, oimol zahla,
des lindert alle Hungerquala
und vorher, welch ein guater Rat,
drei Süppla und an Berg Salat
und zwischadurch und hinterdrei
derf's au a paarmol Noochtisch sei.
So frisst'r, oh es isch a Schand,
sechs Wocha lang im Uvoschtand.
Doch irgendwann beim letschta Bissa,
do hat's dr Geiger's Fritz vorissa.

S'isch so a Elend, wirklich schad,
denn zwischa Kraut und Rindsroulad
fliagt im Lokal, mr glaubt es nicht,
am Fritz sei Seel – mit Übergwicht.

Sie kommt net weit, es isch ein Graus,
schafft's leider net zum Fenschter naus
und gleivoll druff, s'duad oimol ‚blubb',
vosauft se in dr Flädlessupp.

Mr sieht se no als Fettaug schwimma
und wiedewitsch war se von hinna.
Blieb ra au's Himmelreich vowehrt,
a guate Supp isch nie vokehrt.
(Und bei dem dicka, fetta Knocha
wär d'Himmelsleiter zammabrocha)!

*

D'Moral dr Gschicht, mr sott es wissa:
Willsch du net, dass dein letschta Bissa
dir einscht des Himmelstor voschperrt,
weil du dich ugesund ernährt,
no hörsch in Zukunft, bass guat uff,
halt nach'm dritta Teller uff!

Duasch's net, no geht dr's, s'isch koin Witz,
wie seinerzeit am Geiger's Fritz!

Sauschwer

Faschta –
koine Schpätzla und koi Soß,
koi Fleisch,
koine Kartoffel,
koine Pommfritz.

Faschta –
koin Kuacha,
koin Schoglad,
koine süaße Schtückla,
no net amol ois.

Faschta –
koin Wei und koi Bier,
überhaupt nix Gscheit's zum drinka,
bloß Wasser und Tee.

Faschta –
„noi“ saga, weglassa, Hunger leida und
uff'm Zohfleisch drherkomma.

Faschta –
ja, geh vorreck,
fascht hätt i's gschafft…

Üb immer Treu und Redlichkeit…

(Bei der folgenden, absolut frei erfundenen Geschichte wären eventuelle Ähnlichkeiten mit tatsächlichen Vorkommnissen wirklich rein zufällig und niemals beabsichtigt…)

Ubedingt! Altes deitsches Liedgut isch ein Schtück Kultur. Des isch sozusaga vertonte Bodaschtändichkeit und somit wichtich und wertvoll. Desweg sott oim die Erhaltung und Bewahrung solch melodischer Heimathochgenüsse au ebbes wert sei! Theoretisch.

Bloß isch es leider so, dass oim solcherlei Kultur eba beim direkta und vor allem beim täglicha akkustischa Zusammaprall an gewisse Grenza bringa kann. Ob mr jetz ans Brünnele geht, s'Ännchen von Tharau sich blicka lässt oder vor irgendwelche Haus- und Hofeigäng altersschwache Lindabehm rumstehet – wenn mr sich sotte bekannte Volksweisa mehrmols am Dag und monatelang per Gemeindezwangsbeschallung mit ohorcha muass, lasset sich deutliche Zweifel nimme unterdrücka. Also i sag bloß: Glockaschpiel!

Die vom Grundsatz her äußerscht lobenswerte Idee, au bei uns im Ort uff'm Rathaustürmle a wohltönendes Glockagebimmel hochzuhänga und somit alte Traditiona wieder uffleba zu lassa, isch überall und i geb's zua, au bei mir uff großes Interesse gschtoßa. Weil mit so ma Vorhaba lässt sich mit oim Schlag dr Gemeinschaftssinn und die Verbundaheit der gesamta Bürgerschaft schtärka.

Gell und die Unterschtützung, wo dr neue Schultes für sei Glockaschpielidee kriagt hat, war wirklich überwältigend. Bald jeder Voroi und viele Gschäfts- und Privatleut waret sofort voll drbei und hent des Vorhaba tatkräftich gfördert. Mit zahlreiche Schpenda und Aktiona isch des Glockaschpiel innerhalb kurzer Zeit tatsächlich uff's Türmle glupft und als weithin klingende Bereicherung beim letschta Weifescht feierlich eigweiht worda. I kann mi heut noch guat an die hochtragenden Worte und an den kräftiga Applaus erinnra, mit dene mr dieses weithin schtrahlende und hörbare Hochgewächs deutscher Glockagießkunscht begrüßt hat. Ja wirklich, die gesamte vosammelte und weinbeseelte Bürgerschaft war vom hella und weittragenda Klang der neua, vierazwanzich-töniga Gemeindebimmel sichtlich ergriffa. So ebbes Schönes!! Dass mr des no erleba derf!!

Wenn i zrückdenk, no war au für mi dieses neie Klangerlebnis ganz ehrlich koi bissle uognehm. Vor lauter Glöckles-Euphorie isch mir zu sellem Zeitpunkt wirklich no net recht bewusst gwä, dass bloß ugfähr fuffzich Meter Luftlinie weiter mei Häusle schteht. Noi, net dass mir des z'phäb wär, so mitta im Ort zu leba hat durchaus sei Vorzüge. Du hasch's net arg weit zum Bäcker und zum Metzger, selbscht dr Friedhof und alles ondre, was mr im Leba so braucht, isch ringsrum au leicht zu erreicha. Bloß, genauer betrachtet isch mr eba au onderschtrum für alles, was aus dr Ortsmitte kommt, leicht erreichbar. Ja, und manche Sacha sind aus dr Dischtanz halt viel leichter zu ertraga, als wenn du's direkt uff'm Trommelfell hasch.

Jetz sott mr moina, dass sich mit dr Zeit vielleicht so ebbes wie'n Gewöhnungseffekt eischtella däd. Des kann jo sei, aber bei mir isch leider eher s'Gegateil dr Fall. Weil, wenn oim des altbackene ‚Ännchen von Tharau‘ Dag für Dag ihr Leid vorbimmelt, no läuft eba doch irgendwann s’Fässle über, denn dr Brunna vor dem Tore schüttet oim bloß solang sein heimatverbundena Schwall ins Ohr, bis‘s irgendwo dr Schpunta zum Schtädtele naushaut.

Guat, i hab mir saga lassa, dass mr für alle Melodia, bei dene dr Kombonischt net scho mindeschtens siebzich Johr dod wär, heutzudag ‚GEMA‘-Gebühra zahla müasst. Desweg und weil mr halt dr Gemeindesäckel net no weiter belaschta dürft, hätt mr gar koi ondre Wahl, als diese alte Schinka nuff und nunder zu glöckla. Und weil dr Schtaat oder sonschtwer immer irgendwo sei Hand uffhält, muass dr rechtschaffene, hörfähige Bürger eba zwangsläufig seine Lauscher drfür herhalta. Kultur und sei se noch so hochklingend, wird halt bloß dann gern toleriert, wenn se net für zusätzliche Ukoschta sorgt.

So isch’s End vom Liad, dass mr sich also mit alte Volksweisa begnüga muass, in dene sich’s dann grundsätzlich scho in dr zweita, aber dodsicher in dr dritta Schtrophe ums Schterba, ums Ableba oder um küahle Gräber

Bimmel
Bammel
Bimmel

dreht. Drbei hätt oim jo des hochhängende Glöcklesgebimmel a bissle Freid in dr trischte Alldag bringa solla. Doch jetz muass mr sich womeglich ernschthaft Angscht um hälinga eischleichende Depressiona macha.

Aber i glaub, so tiefschürfende Hintergedanka hent sich domols die Entscheidungsträger mit dem Für und Wider von ma Glockaschpiel net gmacht. Wenn die gwisst hättet, was für psychische Folga zwei Dutzend bronzene Volksliedvokünder orichta könnet, hättet se sich vielleicht die Sach genauer überlegt.

Ob die dauerhafte Zwangsbeschallung mit Untergangsmelodia meglicherweis die Selbschtmordrate nach oba treiba könnt, isch schtatistisch bisher no net erwiesa, wär aber am aktuell laufenda Großversuach zu beobachta. Doch sotte Sorga werdet net erkannt oder koiner will's gwä sei. So kommt oim aus dr Dischtanz von ugfähr fuffzich Meter Luftlinie des Ortsgebimmel fascht wie Schellabergerles vor – also wie so'n Jugendschtreich, wo mr au dr Schuldiche nie recht hat vowischa könna.

Doch ob i bei dr nägschta Bürgerschprechschtund mol oschtändich d'Gosch uffreißa soll, des überleg i mir guat. Schließlich will mr jo net als notorischer Bruddler und Quertreiber doschteh. Erschwerend kommt halt leider no drzua, dass i zum neua klingenda Gemeindemittelpunkt selber au no ebbes gschpendet hab.

Ja und so werd i wohl treu und redlich des fuffzich Meter weit entfernte Geglöckel bis an mei seliges Ende vollends aushalta müassa – mit dem wachsenda Bewusstsei, dass irgendwann mol des küahle Grab au bloß fuffzich Meter weiter liegt...

* * *

„S'isch alles bloß a Weile schee",
hat seller Pfarrer gsa und an Oschtern
dr Chrischtbohm aus dr Kirch.

XXL

XXL – ImmerAllesNoGrößerUndBesserUndTeurer
XXL – RiesaschnitzelWoKoiMenschZwingaKann
XXL – ÜbergrößWeild'LeitImmerDickerWerdet
XXL – MegaBreitwandFernsehkäschtaKinoDrhoim
XXL – SubberschtarWoKoiBissleSingaKönnet
XXL – SubbermärktWoAlleOndreGschäftHieMachet
XXL – RiesaflugzeigWoNoMehHintanausBlooset
XXL – GeldgierBankaWirtschaftskrisaSauerei
XXl – DummDümmerUndImmerNoDümmer
XXL – WeilJeders'GröschteSchtückVomKuachaWill
XXL – ÜberallWoDeRumUndNumguggsch

XXL

XXL

XXL

XXL

XXL

Koi Wunder, dr Blanet voreißt's...

Ärschlings

(philosophische Überlegungen eines Autors)

Zerscht denka und hinterher schreiba!
So isch mr's gwöhnt.
Bloß, warum net erscht schreiba
und hinterher denka?
No wär mr sich selber endlich mol voraus
und net immer hintadrei.
Vornedraus schtatt hinterher –
des wär's doch!

Aber no sott mr eba scho
im vorneweg wissa solla,
was mr hinternooch denka däd.
Also im Kringel rum,
grad onderschtrum wie normal.
Und wer weiß,
ob normal überhaupt normal isch,
bloß weil's normal isch.

Sozusaga mol dr Gaul vom Schwanz her,
dr Obend vor'm Dag,
hinterschevier vokehrtrum,
offasichtlich hälinga,
blindlings im Aug bhalta,
mol net fünfe grad sei lassa,

also d'Rutschboh nuff zua's,
und
ärschlings gradaus.

Aber halt immer so,
dass ebbes Gscheit's drbei rauskommt.

* * *

Ursachen

S'Eis schmilzt.

Bei de oine isch Dürre
und die ondre vosaufet.

Bei de oine geht koi Windle meh
und die ondre bloost's drvo.

Wo'd noguggsch, isch's nimme wie's war –

koi Wunder, bei dem Wetter…

Um nix uff dr Welt

Wenn nach ma langa, nasskalta Winter d'Frühlingssonn endlich wieder ihr warm's Gsicht über dr Wald lupft. Wenn bald druff dr Morga ganz fei nach Veigela schmeckt und s'klare Licht in de Tautröpfla glitzert.

Wenn's erschte Eidechsle vorsichtich aus de Mauerritza lugt, drbei regungslos die wärmende Schtrahla eisaugt und in dr Wies d'Häsla voller Übermut wieder Männla machet.

Wenn mit ma tiefa Brumma die dicke Hummla lautschtark ebbes zum schlecka suachet und d'Luft ringsrum so frisch und klar isch, dass mr selber grad mittadrin liega mag.

Wenn mr dr junge Dag mit oim langa Schnaufer am liabschta ganz in sich eisauga mecht und's oim so wird, als ob mr mit dr ganza Welt Oiswerda könnt und oim alle Sinne mitsamt'm Herz uffgehet.

Wenn's so isch, dass mr des große Glück und den reicha Sega, wo oim so an klara Frühlingsmorga geba kann, schier net begreifa mag, no dürft oim ebber drfür biata, was'r wöllt, aber um nix uff dr Welt däd mr do drvo ebbes hergeba wella.

Doch des Wunder von so ma großartiga neua Dag mit ondre zu teila – des wär schee…

* * *

Hoimkomma

- alloi scho vom würziga Wiesaduft Gänsehaut kriaga

- beim Oblick von Elternhaus innadrin ganz warme Wella schpüra

- sich vom votrauta Klang dr Kircha-glocka sanft in Arm gnomma fühla

– des heißt hoimkomma!

Herzkirscha

Mein Nachbr hockt für basledo
an Kirschabohm an'd Grenze no
und schpickelt rotzfrech zu mr her,
als ob des so in Ordnung wär.

An Kirschabohm, des weiß a jeder,
wächst schnell und hoch und desweg däd'rn
doch besser weiter hintre setza
und s'Nachbrrecht net so voletza.

Vielleicht will er mi drmit schtupfa,
will mi am End a bissle lupfa,
dass i an Händel mit'm hätt,
weil ihm des grad so bassa däd.

Scho schtell i d'Hoor und will glei saua
und ihm sein Bohm an Dez nohaua,
doch sag i: „Halt, wenn i's bedenk,
isch doch der Kirschabohm a Gschenk!"

Im Frühjohr blüaht'r voller Kraft,
schtrahlt gar im Mondlicht no bei Nacht
und schtreut ganz sachte und ganz fei
mei Wies mit Blüatablättla ei.

Im Sommer bringt'r süaße Lascht,
biagt sich vor Sega jeder Ascht
und schenkt die Hälft mir – oifach so,
wer wär do net im Herza froh.

Und in dr gröschta Bollahitz,
do gibt'r Schatta und i sitz
im Liegeschtuhl und gugg nach oba
und seh die Blättla, die dort droba
im sanfta Wind sich sachte wiega –
do denk i mir, do isch guat liega.

Im Herbscht holt'r sei buntes Kleid
und macht mir noch amol a Freid
und jedes Blättle, wo schtill fällt,
bringt Farb in mei Novemberwelt.

Sogar im Winter, wie Krischtall,
hockt uff de Zweigla überall
dr Reif, dr Schnee, des Eis, dr Froscht
ganz umasonscht, weil's gar nix koscht.
So funkelt's hell wie Diamant
und führt mi in a Zauberland.

So wird dr Bohm s'ganz Johr zur Zier
und grad, als wär's an Teil von mir,
do wächst'r und des isch koin Scherz,
mir wie an guater Freind ans Herz.

Mein Nachbr kennt sich nimme aus,
denn i, i geh net obanaus.
I werd net narret, lass koin Schrei
und droh net mit dr Bolizei.
Im Gegateil, i sag'm gschwind,
dass die Idee von mir sei könnt.

Er guggt mi o und weiß net recht,
ob i ihn wohl voäppla mecht.
Druff sag i no: „I helf dr schnell!"
und hab a Pfähle scho zur Schtell.

Uff oimol muass er ebbes saga:
„Weisch du, im Ort die Leit, die saga,
dass mr an dir nix Guates fänd
und net guat Kirscha essa könnt.

I hab halt wella ausprobiera
und di a bissle provoziera,
ob des denn schtimmt, was mr so schwätzt
und hab desweg den Kirschbohm gsetzt.

Doch des hätt i net macha solla
und hoff, du duasch desweg net grolla.
Den Bohm vorück i a paar Meter
zu mir uff's Grundschtück,
denn dann schteht'r

net zwischa uns und sorgt für Schtreit –
des mit dem Bohm, des duad mr leid.“

„Jetz schwätz koin Bebb“, sag i ganz trocka
„des Kirschbehmle, des bleibt hocka!
Als Zeicha guater Nachbrschaft
soll’s wachsa dort in Saft und Kraft.“

Am hella Mittag, do beschließa
mir zwei die Sach und mir begießa
bis schpät in’d Nacht nei unser Glück
und rücket zamma Schtück für Schtück.

*

So hat des Behmle, wer hätt’s denkt,
zur Nachbrschaft au d’Freindschaft gschenkt.

Netzwerk

Was wär, wenn's koine seidne Fäda gäb? Was wär, wenn's bloß grobe Schtrick, schwere Ketta oder dicke Schtahlseil geba däd?

An was um alles in dr Welt däd mr dann so Sacha, so feine Sächla wie Gfühl, wie Liebe, wie Freindschaft oder Glück drono hänga? Mit was könnt mr sotte empfindliche Sacha wie Geborgaheit, wie Votraua oder Hoffnung überhaupt feschtmacha, ohne dass mr's drbei beschädiga oder glei hie macha däd? Und wie soll mr mit so schwerem und hartem Matrial überhaupt an Knopf macha könna, damit's heba däd?

Desweg isch's guat, dass es so viele uschein-bare seidne Fäda gibt, wo so viel dro hängt uff dr Welt. Gell und wenn mr's au net immer uff Ohieb mit bloßem Aug seha kann, aber an sotte uglaubliche Fäda hebt oft meh, als wie mr denkt...

Kloigartawildwescht

Dr Mensch isch ein Viech – zumindescht die meischte drvo und als solches au zu allem fähich. Dass er drbei mit ondre Viecher in hartem Wettschtreit schteht und vor nix zrückschreckt, also des lässt sich bsonders in ma feuchta Frühjohr oder Sommer immer wieder feschtschtella. Denn do zeigt mr ohne Hemmunga, was wirklich in oim schteckt.

I sag bloß Schnegga! **Schnegga!!**

Dieses zweisilbige Wort, bei dem oim scho alloi vom Drodenka dr Schlunz an de Finger bebbt, kann doch bloß die wirklich eigfleischte Tierliebhaber kalt lassa. Schnegga!! Aber alle normale Leit haut's wega dene Sauviecher ums Numgugga s'Alarmpfeifle oba naus. Noch narreter könnt mr werda, wenn mr mit ogugga muass, was oim vor lauter dene Viecher von seim bissle Garta übrichbleibt. Elendsschnegga!!

Wie viele Kloigärtner, Vorgartabotaniker und Terrassalandwirt werdet von dene heimtückische Grünzeugfresser net um dr wohlvodiente Schloof bracht und des, obwohl selle hungriche Heerschara eigentlich lautlos zu Felde ziehet. Vomutlich schtehet diese Hobbygurka- und Rettichzüchter in drahtloser Telepathie mit ihre abgmurgste Salatköpf und hent selber körperliche Schmerza, wenn sich dieses lumpiche Schneggaziffer drüber her-macht.

Vielleicht könnt mr so a schleichende Folter jo a paar Däg aushalta oder mit guatem Zureda und mit ‚Zum-Nachbr-nüberschmeißa' aus-sitza. Doch schpäteschtens dann, wenn oim dr letschte rote Breschtling als blaßrosa Butza und s'letschte Schtudentablüamle als nag-gicher Schtorchel sei Leid klaga will, wird dene hundsgemeine Krüppel dr Kriag erklärt – und zwar mit alle Geschütze!

Jetz gibt's ab und zua no so a paar sanftmü-tiche Weltvobesserer, die ganz gezielt die hei-mische Weibergschnegga, die kloine Ringel-schnegga und überhaupt die ganze Häusles-schnegga eisammlet und mittels Oimerle uff Waldranderholung schicket. Aber selbscht diese Schleimheiliche gehet dene rote Nackt-schnegga oder gar dene oberliadriche schpa-nische Wegschnegga mit Eisatz sämtlicher Mittel an dr Kraga.

Ja und genau diese Mittel sind's, wo uns selber scho wieder Angscht machet. Weiß mr denn überhaupt, was in dene Mittel für Mittel drinschtecket und ob die womeglich schädlich sind – also über d'Schnegga naus? Net, dass du hinterher dein geretteta und makellosa Salat genießa willsch und dann selber d'Fühler nunderhängsch.

Gell und wenn vor lauter Schneggakorn dein Garta grüa und blau herblitzt, no sieht doch scho von weitem jeder, was du für oiner bisch. Und ganz ehrlich, so oiner will mr, au wenn mr's im Grund wirklich wär, eba net sei.

Desweg legt mr notgedrunga a net so offasichtliche, aber do drfür umso härtere Gangart ei. Weil, wenn mr schneggamäßich halt scho z'viel mitgmacht hat, isch oim mit dr Zeit alles egal. Do wird dann ohne Mitleid des schleimige Lumpagsindel gnadalos zammadappt und vodrückt, dass grad so pfutzt. Do wird mit dr Gartascher mittadurch gschnitta oder mit Schaschlikschtäbla uffgschtupft, dass oin grad schüttla könnt. Manche gebet ihre Schnegga sogar Salz zum schlegga oder schtellet ihne kunschtvolle Bierfalla no, bis se merket, dass mr doch so a guats Flaschabier eigentlich am liabschta selber drinka däd.

In dr Bekämpfung seinra Schneggaploog entwickelt dr Mensch also alle megliche Methoda der Selbschtvoteidigung und schreckt wirklich vor nix zrück. Und des isch unter Gartafreinde au alles völlich normal.

Was i aber jetz unter sotte, wirklich ganz normale erwachsene Leit hab erleba müassa, isch ehrlich dr Gipfel dr Schneggaoffensive. Mr sott's net glauba, aber es soll Mitmenscha geba, die gehet in dr Dämmerung mit waffascheifreier Ausrüschtung zur Jagd auf fluchtufähiches heimisches Niederwild. Ja, mittels Luftdruckpischtöla machet diese selbschternannte Pflanzascharfschütza dene Viecher schlagartich s'Leba schwer. Ha do wird so ein Schnegg net schlecht gugga, wenn'm obends am neine dr Django vokommt. No isch aus mit Setzlingfressa.

Dr Gipfel dieser militaristischa Schneggaschlacht isch drbei no, dass oiner von dene Vorgartapischtoleros sogar noch Originalschneggakörnla in dr Lauf neischtopft. Do isch dr Jagderfolg todsicher garantiert und sogar von ma Querschläger bleibt am End dr letschte Schnegg no uff dr Schtrecke.

Ob jetz so a Schneggavonichtungsmethode nachbrschaftlich toleriert oder gar behördlich abgsichert isch, weiß mr net. Aber um des geht's jo au gar net. Weil, wenn du selber scho mol herzhaft in so'n uognehm safticha Salatschnegg neibissa hasch, weisch du, von was i schwätz.

Deshalb isch bei uns im Flecka jetz obends am neine ‚hai nuun' ogsa. Und bei so ma ‚schowdaun' sott oim die oiga Frau besser aus'm Weg geh, au wenn se wega ihrem schiaßwütiga Kloigartaschreck scho längscht d'Hoor nausschtellt.

Also Händ – äh Fühler hoch und Feuer frei! Gell und natürlich alles außer de Schnegga in Deckung ...

* * *

Wer in dr Jugend net tobt,
der duad's im Alter!

Letzte Abschiedsbriefe

Für dich isch Schport die erschte Wahl,
wie mir's geht isch dir scheißegal.
I däd so gern mol danza geh,
doch du hocksch bloß beim VfB
und hättsch's net gar so übertrieba,
no hätt mein Owalt dir net gschrieba.
Kinder, Haus und Unterhalt,
die g'hörn jetz mir, du schtehsch im Wald.
Jetz heißt es „ois zu null" für mi –
es grüßt dich schportlich – *Rosalie*

*

Gell, hättsch du koi Fabrikle ghett,
no wär i mit dir nie ins Bett.
Doch so, mit dir als Milljonär,
fiel mir die Heirat net so schwer.
Denn Liebe isch es halt nie gwä,
weil i hab bloß mein Vorteil gseh.
Net ois dr Kinder isch von dir,
doch d'Hauptsach isch, du zahlsch drfür.
So Kerle, jetzet bisch im Bilde –
es grüßt dich guat vosorgt – dei *Hilde*

Von Mann zu Mann

(ein besorgter Vater stellt den neuen Freund seiner Tochter zur Rede)

Vater: So Kerle, des isch grad recht, dass i di mol vowisch!

Freund: ***Hallo, guten Tag Herr Grübele.***

Vater: Von wega „guten Tag“, du Schlawiner! Du bussiersch doch seit neieschtem mit meinra Bärbel oder net?

Freund: ***Ja, scho...***

Vater: ...und hocksch alladritt bei ra uff'm Zimmer!

Freund: ***Ja, mir zwei gehn scho a Weile mitnonder.***

Vater: So heißt mr des heit? Ihr gehet – uff'm Zimmer? Ha i glaub's glei!

Freund: ***Des secht mr doch bloß so. Mir meget uns halt, die Bärbel und i.***

Vater: Megen? Von wega megen! Gell i weiß selber am beschta, was bei so ra Megerei z'letschta raus komma kann!

Freund: ***Ha noi, also gell, so au wieder net! Mir sind fei oschtändich!***

Vater: Komm, vozähl mr doch nix! I bin au mol jung gwä. Do isch so a harmlose Ananonderno-Schnegglerei au sellichsmol scho meischtens onderscht ausganga, als wie mr gwellt hat und des wird heut au net onderscht sei.

Freund: ***Aber Herr Grübele, wenn i ihne doch sag, dass do nix bassiert isch!***

Vater: Uff'm Zimmer beinonder hocka isch bassiert gnuag! Und was i sowieso mol wissa wöllt: Wo kommsch'n du überhaupt raus?

Freund: ***Was? Wie raus?***

Vater: Wem ghörsch'n du?

Freund: ***Äh, wie jetz?***

Vater: Wer isch'n dein Vadder?

Freund: ***Ach so moinet sie des. Ha saget se des doch glei! Mein Vadder, also - ähm - des isch dr Nägeles Karlheinz.***

Vater: Was? Dr Karle von dr Schellagass?

Freund: ***Ja – Nägele – genau der!***

Vater: Und dei Muadr isch d'Ziegler's Klärle?

Freund: ***Geborene Ziegler, schtimmt. Ha sie kennet sich aber aus!***

Vater: Ach du liabe Zeit! Dera ihr'n Bua bisch du? Um dr Himmels willa! Und du willsch mit meinra Tochter...?

Freund: ***I mag se halt ganz arg und sie mi au.***

Vater: Noi, noi, des derf net sei! Des hat koin Wert! Des geht gar net – noi – uff gar koin Fall!

Freund: ***Ja und wieso net, wenn mr froga derf? Bin i ihne womeglich net guat gnuag?***

Vater: Noi, o jeminee, wie soll i des bloß saga? Des hat mit dir gar nix zum do, aber des – dunder lattich – des geht oifach net!

Freund: ***Ach so, i glaub, jetz weiß i, uff was sie naus wellet. S'isch wohl deswega, weil sie früher mol mit meinra Muadr bussiert hent.***

Vater: Sag bloß, des weisch du?

Freund: ***Ha des weiß doch jeder!***

Vater: So?

Freund: ***Ha freile! Mei Muadr hat mi scho uffklärt, dass do früher mol meh gwä isch.***

Vater: Was genau hat se dr denn vozählt?

Freund: ***Als, unter uns, gell, normal sott i ‚Baba' zu ihne saga dürfa!***

Vater: Oh mein Gott! I glaub, i schpinn! Und des weisch du? I glaub, i schnapp glei vollends nüber! Und wer weiß'n des sonscht no alles?

Freund: ***Also, des weiß bloß i, mei Muadr und Bärbel – und ihr Frau natürlich au.***

Vater: Wie bitte? Mir wird ganz schlecht! In mir bricht a Welt zamma! Jeder weiß Bscheid und i selber bin dr gröschte Dackel. O Gott, o Gott!! Aber Bua, no kannsch du doch au voschteh, dass aus dr Bärbel und dir nie ebbes werda derf. Des muasch doch eiseh!

Freund: ***Noi, an dem soll's net heba. I hab scho mit ihra Frau***

gschwätzt und die hat gmoint, sie häb nix drgega.

Vater: Aber des derf mr doch net zua lassa! Des wär jo – i will gar net drodenka! Bua, du dädsch mi jo ins Gfängnis bringa.

Freund: ***Ach woher, machet se sich desweg koin Kopf. Ihr Frau hat gmoint, in unserm Fall wär des net so wild.***

Vater: Net so wild? Ha Kerle, jetz überleg doch mol! Des mit euch zwei isch doch a Riesaproblem!

Freund: ***Also ganz so eng derf mr die Sach jetz au wieder net seh!***

Vater: Net so eng? Ha überleg doch mol, d'Bärbel und du – ihr wäret jo Gschwischter! Des wär doch schtrofbar!

Freund: ***Ja, im Prinzip scho, aber ihr Frau hat gmoint – also, wie soll i des bloß saga?...ähm... Also rein biologisch und so wär alles in Ordnung...***

Willensschtark

Was isch'n los Bua? Wieso blärrsch denn so? Was, dein Deitschlehrer hat gsa, du hättsch a Lese- und Rechtschreibschwäche? Ha des isch jo s'Allerletschte!

Grad der hat's nötich! Hat selber in Hannover koi Schtell kriagt und moint jetz bei uns im Ländle, er häb d'Weisheit mit de Schöpflöffel gfressa. I glaub, dem Fischkopf muass i mol oschtändich dr Marsch bloosa! Lese- und Rechtschreibschwäche, so ein Schwachsinn! Des isch bei uns no nie onderscht gwä! Des isch bei uns völlich normal und muass so sei! Des hat mit Schwäche nix zum do! Unser Schprooch hat halt a Bodagfährtle, ebbes Oiges – und des isch au guat so!

Mir schwätza wie mir denka und so schreiba mir au. Des isch authentisch, Jonger, des kommt von Inna raus! Hausgmacht, bodaschtändich und echt. Aber woher soll'n der des wissa? So oiner isch doch scho mit ra voklemmta Gosch uff'd Welt komma! So oiner wird doch mit furztrockener Grammadigg schtatt mit Muttermilch großzoga.

Mir sind mir und mir schwätza net gschwolla um vier Hausecka num. Mir saga unser Sach so wie mir's moina und des isch ehrlich! Wenn du erscht mol ofängsch, dir mit Hochdeitsch dei Hirn zu vobiaga, voschteht am End koiner meh, was du hasch saga wella. Mir sind gradaus – und wenn's hinderschevier geht. Gell und mit ‚Pisa' und dem ondra neimodischa Gruscht braucht'r mr gar net komma, dein Herr Lehrer, weil des sieht doch bei uns an Blinder, dass dr krumme Turm net im Wasser schteht.

Also Kopf hoch Bua! Wenn du in Deitsch wieder mol an Fünfer hoimbringsch, denksch dr nix drbei, weil ois merksch dr:
Hochdeitsch däden mir schon können, aber wöllen wellen mir nicht!

* * *

Manche brauchet johrelang,
bis se endlich ihr'n oigena Weg gfunda hent.
Und wenn's no endlich soweit isch,
no sauet die meischte au bloß wieder
im Kreis rum.

I halt mei Gosch

I könnt's net vobutza,
wenn'd Leit hintarum über mi herziaga
und sich s'Maul voreißa dädet,
dass i's gröscht Rindviech wär.

I könnt's ums Vorecka net votraga,
wenn se hälinga so liadrich
über mi schwätza dädet,
dass i dr gröscht Seggel sei.

Noi, des könnt i gwieß net braucha,
weil mir isch's scho haufa gnuag,
dass i's weiß.

Aber von mir erfährt's koiner.

Augenblick

Der Augenblick,
der ist sich selbst genug,
er schert sich nicht um gestern oder morgen.
Der Augenblick
hält nichts von Selbstbetrug,
er spielt sich selbst,
der Rest bleibt ihm verborgen.

Der Augenblick
ist ehrlich, ungeschminkt, direkt,
hat keine Zeit, ist nicht nach Beifall haschend.
Der Augenblick
hat sich noch nie versteckt,
man weiß er kommt –
doch kommt er überraschend.

Der Augenblick
ist hier, zu jeder Zeit
und augenblicklich ist er schon
verschwunden.
Man misst ihn nicht in Jahr und Tag,
wohl eher in Sekunden.

Der Augenblick
ist unscheinbar und wirkungsvoll zugleich,

doch ständig auf der Flucht,
und augenblicklich ist er fort,
verfliegt an unbekannten Ort,
wo man vergeblich sucht.

Der Augenblick,
der hinterlässt zumeist ganz knapp
nur eine kurze Zeile.
Ach Augenblick, ich wünsche mir
so ab und zu nur eins von dir:
Ach Augenblick – verweile!

* * *

Wenn mr schpontan handla will,
sott mr sich's vorher guat überlega.

Schlussverkauf am Mittelmeer

Was duad mr net alles, bloß um dem Trubel, der oin drhoim s'ganz Johr uff Schritt und Tritt vofolgt, a bissle aus'm Weg zu geh. Mr flüchtet in Gedanka uff irgendoi einsame Insel oder molt sich's innerlich scho aus, wie's denn uff ra Luxuskreuzfahrt sei könnt. Ja und so kommt mr nach ra Weile und unter sorgfältiger Gewichtung des Geldbeutels und ma kloina Machtwort der Gattin uff a günschtigers und desweg au näher liegenderes Reiseziel.

In bayrischa Wald hab i net scho wieder wella und in Südtirol sind mir erscht letscht Johr gwä. So isch die Wahl ausnohmsweis uff Italien gfalla. Also ums genau zu saga uff Sardinien, aber Italien hört sich halt a bissle preiswerter o. Mr derf's natürlich net übertreiba und so hent mir uns Vorsaison vorgnomma, weil, wie scho gsa, mir dem Trubel a bissle aus'm Weg geh gwellt hent.

Als unsre Freind ebbes von unsre zweiwöchige Fluchtgedanka mitkriagt hent, waret se glei mit Feuer und Flamme drbei. So hent mir uns sonndagnachmittags zwischa Kaffee,

Hefezopf und Träubleskuacha urlaubsmäßich vobrüdert und Nägel mit Köpf gmacht. Mein Freind und i waret uns oinich, dass nur a Feriahäusle in Frog komma däd, weil mr in ma Tourischtahotel halt koi rechte Ruah hätt. Aber do hent glei die beide Fraua uffbegehrt, dass sie im Urlaub au mol ausschpanna wölltet und net wie drhoim wieder alles selber macha müasstet. Doch mir Männer waret tolerant und hent hoch und heilich voschpro-cha, dass mir uns im Urlaub total ums Essa und alles kümmern dädet. Also ums Früh-schtück und Obendessa, weil mr jo mittags sowieso irgendwo eikehra däd und obadrei hent mir freiwillich s'Eikaufa übernehma wella, wenn's sei müasst sogar jeden Dag. Mei Frau hat gsa, sie däd desmol wirklich net oin Schtreich und meim Freind seine hat gmoint, sie däd no weniger. Aber wenn die Männer scho ihr Feriahaus wellet, no sollet se drfür au ebbes do und net faul rumhänga wie sonscht.

Doch sotte Herausforderunga sind für gschtandene Mannsbilder natürlich koi Problem und desweg sind mir au glei wider-schpruchslos druff eiganga. Aus johrelanger Erfahrung wisset mir jo genau, dass es unsre Fraua höchschtens oin Dag ugschafft aushaltet und mir Männer s'ihne sowieso net recht macha könnet. Bevor se sich selber über diese erwiesene Tatsacha hent tiefere Gedanka macha könna, war des Häusle bucht und die Katz im Sack. (Dass des mit dr ‚Katz im Sack' uns uff Sardinien wieder eihola däd, hent mir aber zu dem Zeitpunkt Gott sei Dank no net wissa könna).

Etliche Wocha schpäter, Mitte Mai, sind mir no alle vom heimischa Flughafa voll Erwartung mittanei ins Doltsche Vita oder wie des dort heißt. Bloß hat dieses ‚Doltsche' glei nach dr Landung an kloina Dämpfer abkriagt. Unser von drhoim aus vorbschtelltes und au scho vorauszahltes Leihwägele isch net vorrätich gwä. Im Prinzip koi Problem sott mr moina, weil uff dem Hof von dem Saftlada jo beschtimmt hundert Fahrzeig rumgschtanda sind. Bloß obends am halber zehne und wenn koiner von uns a bissle italjenisch schwätza kann, isch's halt leicht kritisch. Und weil obadrei scheint's alle Urlauber aus unserm Flieger beim gleicha Vomieter ihr Wägele buacht ghett hent, war's eba für alle a bissle uognehm.

Direkt laut sind mir net worda, aber wenn du scho drhoim für dein Karra, wo se net hent, zahlt hasch, willsch du für dr Ersatz net no mol blecha. Der Kerle hinter seim Schalter hat aber uff unser Kreditkarta beschtanda und des hat eba zu gewisse Moinungsvoschiedaheita gführt. So gega halber elfe und nachdem'r unter Protesch't unser Kärtle durchzoga ghett hat, sind mir mit ma viel z'kloina Fiat losgfatzt und hent uns net ubedingt an die örtlich gewünschte Gschwindichkeita ghalta, aber des hat jo sowieso koiner. Normalerweis hättet's mir jo langsamer ogeh lassa könna, bloß war bis schpäteschtens elfe d'Schlüsselübergabe vorgseh und noch ugfähr oinahalb Schtund zum fahra.

Wo mir kurz vor zwölfe endlich am Ziel unsrer Träume okomma sind, isch freilich niamerds meh do gwä, bloß a klois Formular vom Häuslesvomieter, dass es nach elfe zwanzich Euro extra koschta däd und drunter a Telefonnummer. Nur, wie kriagsch du jetz mit so ra blöda Nummer so a sardische Haustür uff?

Dann endlich, nach ra elend langa halba Schtund isch uff ma Veschpa-Fatzerle a junger Kerle doher komma, wo glei ganz wichtich mit ma großa Tascharechner rumgfuchtelt hat. Natürlich hat der Notfallnachtwächter au koi deitsch könna, wo doch vier Leit so dringend uff's Klo gmüasst hent. Noi, der zweirädriche Schlüsseldienscht hat erscht mol seine zwanzich Euro wella und obadrei Kaution fürs Häusle und a Unterschrift drzua. Gell und den Betrag, wo'nr hat kassiera wella, hat'r sauber in sein Rechner eitippt und uns vor'd Nos ghalta. Für ohne Quittung hättet mir Cäsch rausrücka solla, aber do war der Mafiosi bei uns an de Richtiche.

Uns hat's wortwörtlich schier vorissa und der Seggel hat Kaution do drfür wella, falls mir im Häusle ebbes hie macha dädet, ohne dass mr vorher gugga kann, ob net scho ebbes hie isch. Wenn mei Frau net gschria hätt, dass sie jetz uff dr Schtell in'd Hos macha däd, hätt i nie im Leba so ebbes unterschrieba. Bloß, im Leba muasch du halt wissa, was dr wichtiger isch und Prioritäta setza, weil mr's sonscht vielleicht scho am allererschta Urlaubsdag voschissa ghett hätt.

Dass i z'bald unterschrieba hab, hat sich au glei druff beschtätigt, weil aus'm Klo an Schrei komma isch, dass koi Babier und nix do wär.

Bevor mir unsern Geldeitreiber drnooch hättet froga könna, isch der au scho fluchtartich uff seinra Veschpa abzischt. So hent mir Männer, obwohl au unter Druck, jetz erscht mol s'ganze Haus nach ebbes Passendem durchsuacha müassa und aus dr Not heraus a uralte ‚Corriere della Sera' unter dr Tür durchgschoba. Ehrlich, so ebbes hat meinra Frau ihr Ärschle au no nie gseh!

So sind mir alle vier dann nachts am halber ois leicht fruschtriert uff'm durchghockta Feriahaussofa gsessa und hent dr Oreisedag erscht mol setza lassa. Eigentlich hättet mir jetz guat oi oder zwei Fläschla Vino votraga könna, um unsern Ärger a weng nunderzuschwenka, aber vor lauter ‚lass-mi-au-mit' hent mir natürlich seither gar koi Zeit ghett, irgendwo unterwegs ebbes eizukaufa. Also sind mr dann ohne Vino aber do drfür doppelt ogsäuert in unsre Tourischtaneschter vosunka. Also im wahrschten Sinne des Wortes, weil mr in dene ois vierzich schmale und scho vor zwanzich Johr durchgrammelte Matratza immer in dr Mitte, also am tiefschta Punkt zammaghurgelt isch, ob mr gwellt hat oder net. Ja und so isch die erscht Nacht koi rechte gwä und über die Zeit, wo a durchgmachte

Nacht s'beschte an ma Urlaub gwä isch, waret mir halt scho längscht drübernaus. Weil do drnooch isch uns in dem Moment wirklich net dr Sinn gschtanda.

Durchaus ernüchtert sind mir, also mir Männer, am nägschta Morga erwartungsvoll an dr Tisch ghockt und hent uns uffs Frühschtück gfreit. Natürlich hent mir zwei soglei dr erschte Rüffel von unsre Fraua kassiert: „Ha i glaub's geht los, drhoim große Tön schpucka, dass ihr euch um alles kümmern dädet und dann, wie sonscht au, koin Schtreich do und bloß d'Füaß unter dr Tisch schtrecka!"

Also isch uns nix onders übrichblieba und mein Freind und i sind notgedrunga zum Eikaufa loszoga. A Supermarktschild hent mir au schnell gfunda ghett, bloß mit der Bruchbude, wo do drhinter war, wär bei uns drhoim no net mol an Tante-Emma-Lada durchganga. Koi bissle Auswahl, aber do drfür alles uff italjenisch und doppelt so teuer. Dr männliche Inschtinkt isch jedoch so guat ausgeprägt, dass mr alles Wichtige, was mr zum Leba braucht, ganz automatisch find. Also hent mir an grauchta Bauch, a Sechserträgerle Flaschabier, dreierlei sardischa Rotwei, Erdnüss,

Schogladkeks und a Bildzeitung von letscht Woch ins Wägele nei. Die Sacha also, nach dene dr normale Mensch am Morga volangt. Mein Freind hat gmoint, so ebbes wie Milch und Kaffee wär au net schlecht und vielleicht au no Butter, Gsälz und Brot. So sind mir halt nochmol durch dr Lada gschoba.

Unsre Fraua hent net schlecht gschtaunt, zu was dr menschliche Maga um die Uhrzeit scho fähich sei soll und scho sind se beide in dr Küch gschtanda und hent gwerkelt. Guat, i geb's zua, dass sardische Landjäger net ubedingt zum extraschtarka italjenischa Boggler-kaffee passet, aber dr Schofskäs und der feine Schinka waret wirklich guat. Gell und der Dodschläger von Melone hat unser erschte Mahlzeit buchschtäblich abgrundet. Um zukünftiche Überraschunga auszuschließa, hent uns jetz die Fraua no am Tisch fürs nägschte Mol dr Eikaufszettel gschrieba. Wo mir zwei uns dann die Wunschlischte genauer oguggt hent, isch uns bewusst worda, dass dr gemeine Mensch im Urlaub zwar Abschtand vom Normala will, aber es dann doch wieder genau so sei sott wie drhoim. Er will also weder uff dr gewohnte Kaffee vozichta, noch uff'd Bäramarke oder d'Südzuckerwürfela. Er

Germany
BILD
MORD
SEX?
VINO
BIRA
BIRA
BIRA
Chip

will zwar ‚Mailänder Salami', aber nur die vom hoimischa Metzger und am beschta s'Holzofalaible und d'Laugaweckla wie immer. Von wega ‚fremde Länder, fremde Sitta'! Für manche Leit kann sich richtiche Erholung bloß eischtella, wenn alles a bissle so bleibt wie mr's au drhoim hat. Erscht des gibt oim im Ausland dr nötiche Halt. Mir Männer wäret ohne weiteres vierzehn Däg lang mit sardischem Bier und Ziegakäs zrecht komma, doch hent mir scho weg'am Urlaubsfrieda für dr nägschte Eikauf Besserung geloba müassa.

Weil mir uns nach dem oschtrengenda Oreisedag natürlich a bissle erhola gwellt hent, war fürs Erschte Entschpannung am Schtrand ogsa. Doch Entschpannung fängt für viele Urlauber mit'm Vollschtopfa von Küahltascha und Kofferraum o. Mr sott net glauba, was mr alles für a paar Schtund am Meer mitschleifa muass und i will au gar net uffzähla, was unsre bessre Hälfta in ihre Bigbägs neipresst hent. Wie macht mr sich doch s'Leba schwer, wenn's a Badhösle und a Trägerle Flaschabier au do däd. Doch sie hent jo ihre Männer zum Schleifa drbei ghett und sich desweg weiters koine Gedanka um dr Transport macha müassa.

Unsre fuffzehn bis zwanzich Quadratmeter zeitlich begrenzter Schtrandbesitz waret schnell markiert und endlich war's Zeit zum Ausschtrecka und Faulenza – theoretisch. Weil, wenn du dich auf Sardinien mit weithin leuchtender Unterländer-Bleiche zum Grilla entblößa willsch, isch des wie a Schtartsignal für a ganze Kompanie von maximalpigmentierte nordafrikonische Schtrandvokäufer. Ums Numgugga waret mir quasi als Frischfleisch für diese importierte Schtrandnomada zu erkenna, welle jetz, oiner nach'm ondra, mit ihrem Waraogebot über uns reibrocha sind.

Dr oi mit Markasonnabrilla, dr onder mit Gutschi-Handtäschla, dr nägschte mit echte Rolex und so weiter und so fort. Zwischanei natürlich alladritt Ananas-Coco-Melon, ganz frisch aus dr halb hienicha Blaschtichgugg. Mir waret praktisch dr Mittelpunkt von ma afrikanischa Markt, denn ohne zu feilscha sind die Kerla so mit ihre Preis runter, dass se gwieß nix meh hent dro vodiena könna.

Original goldene Schweizer Armbanduhra für fünfazwanzich Euro! Ha do kannsch drhoim lang drnooch suacha. Aber oiner aus dr endlosa Händlerkarawane hat echt dr Vogel abgschossa. Isch der net mit ma vier Meter langa Kleiderschtänder doher komma, wo'ner mühsam uff seinra Schulter gschleppt hat. Vollbelada mit Kleider und Schtöffla, um die urlaubende Frauawelt drmit zu beglücka. Ja und i muass saga, der Kerle hat wirklich an Volltreffer glandet. Unsre Fraua sind sich vorkomma, als wäret se drhoim mittadrin im Schlussvokauf. Die hent ohne Umkleidekabine probiert und probiert und sich teilweis mit Gwalt in die viel zu enge Fetza neizwänga müassa, dass's für alle ondre Urlauber ringsrum a echte Schau gwä isch. Aus alle Ecka hasch du's „ahhh!" und „ohhh!" höra könna, wenn wieder mol so an Billichfummel net recht über'd Hüfte ganga isch. Des hat aber unsre Fraua bloß immer weiter in einen Kaufrausch neitrieba und so hat sich am End jede, drei sotte folkloristische Butzlappa uffhänga lassa, wo oiner drvo achtzehn Euro koscht hätt. Aber net mit uns! Weil, wenn's um Geldvoschwendung geht, no sind se bei uns an die Richtige komma!

Sechs mol achtzehn. Des wäret jo über hundert Euro, also umgrechnet mindeschtens elf oder zwölf Schlachtplatta mit Kraut! Des isch

z’viel, do muass ebbes runter, do muass mr handla! Mit de Finger hent mir also wie uff ra Schiefertafel unsre Wunschpreise in Sand gschrieba. Im Prinzip also an oifacha schwäbisch-sardischa Dreisatz: Oi Kleid koscht achtzehn, sechs koschtet fuffzich und ab wann isch’s umsonscht?

Jetz isch der Afrikoner wahrscheinlich uff a ondre Schual ganga wie mir, denn der hat bei seinra Rechnerei immer hundert rausbrocht. Mir hent grad voschtanda, dass er sonscht drufflega däd und au ebbes von sieba Kinder oder Fraua oder beidem, wo‘ner drhoim zum vosorga hätt. Bei sotte menschliche Schicksale erweicht sich natürlich au so a schwäbisches Herz wie des von unsre Fraua und die afrikonische Überwürf hent für siebzich Euro dr Besitzer gwechselt. Gell, wenn mr bei so ma Gschäft guate dreißich Brozent Rabatt raushandelt, no derf mr sich scho fühla, als ob mr die Insel persönlich erobert hätt. Also a Hochgefühl wie sellichsmol dr Kolumbus mit seim Ei.

Des Gfühl hat aber nur bis zum nägschta Morga oghalta, denn do isch bei uns im Ort Marktdag gwä und diese überteuerte Butzwolle hat's do im Dreierpack für zwanzich Euro geba, sogar am Schtück und net scho voller Löcher. Sotte Scheraschleifer, also dene werdet mir in unserm Urlaub ganz beschtimmt nimme uff dr Leim geh. Obwohl mi so a Rolex scho reiza däd…

So sind unsre wertvolle Urlaubsdäg mit wunderschöne Ausflüg, Vino rosso, Pecorino, noch a paar günschtiche Schtrandeikäuf und ma kloina bissle weiterer Lebenserfahrung wiedewitsch wieder rumganga. S'hat sich koiner, trotz milbavoseuchte Betta, trotz schperrmüllfähicher Möblierung und trotz sardischem Flaschabier ebbes gholt und alle vier sind mir nach vierzehn erlebnissreiche Däg und obwohl mir Männer tatsächlich a paarmol selber kocht hent, wieder wohlbehalta drhoim okomma.

A paar Wocha schpäter, grad wo die sardische Erholung am Noochlassa gwä isch, war i uff oimol wieder mittadrin am Mittelmeer. Weil, wo i an meim Auto nach'm Ölschtand hab gugga wella und do drzua an Fetza aus'm Butzlumpasack rausgholt hab, isch mir a wohlbekanntes afrikonisches Müschterle in'd Finger komma. I hab kerzagrad nauslacha müassa und bin zum wiederholta Mol zur Erkenntnis komma, dass mir alle, ob Sarda, Afrikoner oder Schwoba, eba au bloß ganz normale Menscha sind. Denn uns alle brennt im Urlaub und selbscht wenn's am Nordpol wär, d'Sonn immer a bissle heißer ins Hirn, als wie drhoim…

* * *

Wirkungen

Holzköpf
Dickköpf
Dummköpf
Hitzköpf
Knallköpf
\- - -
Schprengköpf

Ziellos

Weglaufa,
weglassa,
wegbleiba,
wegschicka,
wegschiaba,
weggugga,
wegschmeißa,
weghöra.

Nix wie weg,
immer und meglichschT weit weg.

Bloß, wo no?

Neulich in dr Arbeitsagentur

(eine bitterböse, nicht wörtlich zu nehmende Satire)

So, womit kann ich ihne helfa? Aha, i hab mir's glei denkt, dass sie a Gschäft suachet. Als was, wenn mr froga derf? Wie, als Maschinabauinschenjör? Gell, sie hent a Witzle gmacht, so ebbes hent mir scho lang nimme im Ogebot. Wisset se, die Wirtschaftskrise macht au do drvo net halt.
I sag immer: Hättsch was Gscheit's glernt, bräuchtsch heit net uff's Amt.

Was saget sie, ihr'n Chef hätt a bissle z'viel nach seinra Sekretärin guggt und mit dr Scheidung sei au d'Firma dr Bach nunder? Ja, des isch dumm gloffa, aber was willsch macha.
I sag immer: Wer sei Hirn in dr Hos hat, sott vorher d'Gütertrennung regla.

Ja, i voschteh scho, des hilft ihne au net weiter und sie brauchet wieder a neie Schtell. Womeglich im gleicha Beruf? Gell, aber so oifach isch des nimme.

I sag immer: Wo nix isch, wo willsch do suacha.

Hent se mol ans Umschuala denkt? An Altapfleger oder Erzieher oder so ebbes. Noi? Des isch a Fehler!
I sag immer: Dr Schpatz in dr Hand isch besser wie a daube Nuss.

Guat, a paar finanzielle Eischränkunga muass mr in Kauf nehma. Von nix kommt nix, aber des derf in dr heutiga Zeit koi Problem sei! Des, was sie bisher vodient hent, könnet se sowieso net halta. Was saget sie, sie hättet Frau und Kinder und au no frisch baut? Oh je, die volle Packung!
Ja, i sag immer: Im Leba, im Leba geht mancher Schuss drneba.

Ja, sie hent recht, die Lage isch ernscht. Aber des isch no lang koin Hinderungsgrund! Sie müasset sich halt a bissle lösa, a bissle freimacha!
I sag immer: Mit'm Klotz am Fuaß kannsch koine Höpfer lassa.

Dr moderne Arbeitnehmer muass heitzudag flexibel sei – in alle Bereiche! Do beißt koi Maus koin Fada ab!
I sag immer: Arbeitslos isch no lang net hoffnungslos.

Wenn se ihr Häusle vokaufet, ihr Frau wieder bei ihre Eltern eiziagt und d'Oma d'Kinder übernimmt, no sind se saniert. No hent se unterm Schtrich meh wie vorher! Ja zu was hat mr denn sei Vowandtschaft? Und lasset se sich obadrei no s'Erbteil auszahla, no hent se wieder Luft!
I sag immer: Mit warme Händ geba denkt oim länger.

Was moinet se, des sei z'viel volangt? Aber bloß uff dr erschte Blick! Ja was glaubet denn se, was heut uff dr Welt los isch? Wer sich do net regt, den haut's naus! Und schpäteschtens morga werdet sie mir dankbar sei!
I sag immer: Zu was brauchsch dr Schtaat, wenn'd Schwiegerleit a Häusle hent.

In dr heutiga Zeit muass dr Bürger seim Glück selber dr Kraga – i moin selber in'd Hand nehma. Gewissensbisse sind do fehl am Platz!

I sag immer: Hilf dir selbscht, no weisch, was'd hasch.

Was wellet sie wissa, ob mr bei mir uff'm Amt wenichschtens an Schtrick kriaga däd? – Sehet se, s'hat a Weile dauert, aber jetz hent se's begriffa! Solche Leit braucht dr Schtaat!

Dr nägschte bitte...

* * *

„Lacha, des isch gsund mein Kloiner,
dodglacht, des hat sich no koiner!
Wenn's au schwer fällt, lache froh,
blärra, des kannsch immer no..."

24 Schtund

Zeit,
jeder hat Zeit.
24 Schtund, jeden Dag.
Für jeden gleich,
koiner hat meh, koiner wenicher.

Für manche sind 24 Schtund an ganzer Dag,
für ondre a Ewichkeit.
Manch oiner will jede oinzelne Sekund nützа
und dr nägschte lässt sich
s'ganze Leba durch'd Finger rinna.
Die oine sauet, rennet und bressieret
und die ondre lasset's oifach laufa.
Manche zerbrechet sich dr Kopf,
dass'n jo nix nausgeht
und wieder ondre isch alles egal.
Die oine werdet getrieba,
die ondre lasset sich treiba.

24 Schtund –
für alle gleich
und doch wieder net.

24 Schtund könnet alles sei,
im Guata wie im Schlechta,
aber z'letschta isch Zeit eba bloß des,
was mr draus macht.

Unerfüllbarer Wunsch

(ganz persönlich – in Gedanken an meinen früh verstorbenen Vater)

Ach Baba sag mr, s'duad so weh.
Warum hasch müassa so bald geh?
Bisch scho so bald in Himmel nuff
und gibsch dohunta alles uff.

Was machsch für Dinger? Sag mr bloß,
lass doch dort oba wieder los
und komm zu mir a Weile no,
jetz glaub mr halt, i wär so froh.

Däd i dei Lacha wieder höra,
däd i dei Gsicht mol wieder seh,
du dädsch mi nie und nirgends schtöra.
Ach Baba, ehrlich, wär des schee.

Dürftsch au mol schimpfa, s'wär mr gleich,
wärsch bloß bei mir – wie wär i reich.

Teuers Gschenk

A Mäusle im Keller,
des sieht ganz voschmitzt
a Breggele Käs,
des so wunderschö blitzt.
Uff ma Brettle aus Holz,
wo geschtern kois war –
a Käsle so duftend,
voführerisch gar.

Ja sag mir, wo kommt denn
des Breggele her?
A Käsle, mei Leibschpeis,
ha wenn des nix wär!
Scho schleckt se ihr Göschle
und dribbelt drufflos –
ha so ebbes Guats,
des isch jo famos!

Und wie es so veschpert
überlegt's nomol gschwind,
warum an dem Brettle
so Drähtla dro sind.
Doch macht sich's koin Kopf
und nagt voller Glück
und ruggelt und ziagt
an dem Käsle a Schtück.

Heute
im Angebot:
Käsewürfel

Jetz z'mol duad's an Batscher,
die Falla schnappt zua –
der Käs, der isch gfressa,
die Maus hat ihr Ruah.

Doch scho am Dag druff
isch dr Gabatisch neu
und des nägschte Mäusle,
des hat wieder koi Scheu.

Es freut sich des Lebens
und dribbelt zum Käs
(aus'm Fässle drneba
tropft dr Mooscht frisch und räs).

„Der Keller isch guat,
do kriagsch ebbes gschenkt" –
ja so geht's im Leba,
wenn mr weiter's nix denkt...

* * *

Lang leba wellet alle –
bloß net alt werda...

IMPAIR
PAIR

Wohlschtand

Uff Bumb leba! Wieso net?
Des isch doch heitzudag koi Problem meh,
des machet doch alle!

Ob im Kloina oder im Großa,
Hauptsach, dr Rubel rollt.
Mr will doch uff nix vozichta – noi.
Drbei sei, mitmacha, vornedro sei!

Und wega a paar Schulda
braucht mr sich doch net
dr Kopf zerbrecha, des sollet ondre!
Mir wellet jetz leba und des meglichscht guat.

Irgendoiner wird's scho zahla,
zu was gibt's künftiche Generationa!
Die braucha au net grad ins
gmachte Nescht neihocka wella!
Ausgeba – nausschmeißa –
unter d'Leit bringa
und ordentlich uff dr Butz haua!

*

Solang mr no irgendwo Kredit kriagt,
schpielt Geld koi Roll.

Der verzauberte Wurm

(ein modernes Märchen – nicht von Grimm)

Es war einmal an einem wunderschönen Herbsttag im Oktober. Um die wärmenden Sonnenstrahlen und die leuchtenden Farben zu genießen, ging ich am Nachmittag ein wenig auf den Feldwegen ums Ort spazieren. Wie ich so ganz in Gedanken ging, fiel auf einmal ein herrlich reifes, rotbackiges Äpfelchen vom Baum und kullerte durchs Gras direkt vor meine Füße. Diese kleine Frucht, die so unverhofft genau auf mich zukam, ließ mich innehalten. Sogleich hob ich dieses appetitliche Obst auf und wollte hineinbeißen. Doch auf einmal…

„Halt, net neibeißa! Hasch ghört? Net neibeißa! Wenn'd nix machsch, hasch au an Wunsch frei!"

„Ach du liebe Zeit, i glaub, s'geht los! Mei Äpfele kann schwätza?"

Vor lauter Schreck isch mir des Fallobscht schier aus dr Hand gfalla. So ebbes isch mir jo no nie bassiert. Total irritiert hab i mir jetz des Ding amol genauer oguggt und tätsächlich hat doch do a klitzeklois Würmle rausgschpickelt.

„Ja sag amol, kannsch du schwätza?

„Ja oder hasch du's mit de Ohra? I schrei mir d'Lunge aus'm Leib und du mercksch's net amol! Wenn i net so brüllt hätt, no hättsch du doch glatt in mein Äpfel neibissa!"

„Also bitte! Des bassiert mir au net jeden Dag, dass mi ebbern aus'm Fallobscht oschwätzt."

„Guat, jetz weisch's – und jetz legsch mi wieder mitsamt meim Äpfele ins Gras!"

„Was soll I di? Glei wieder zrücklega? Gell, wenn i di aber recht voschtanda hab, hasch du doch grad eba gsa, dass i an Wunsch frei hätt."

„Genau, aber bloß dann, wenn'd mir mei Ruah läßsch."

„Bisch du vielleicht so ebbes wie'n vozauberter Prinz?"

„Ja, so ebbes Ähnlich's – bloß net ganz so a hoch's Viech. Desweg gibt's au bloß oin Wunsch."

„Also, wenn i's no recht weiß, no wird oim normalerweis doch bloß an Wunsch erfüllt, wenn mr vorher au ebbes drfür do hat."

„Ja, normal scho."

„Aber i hab doch gar nix do! Also i hab di net küsst und net aus dr Flasch befreit oder so. Und fürs Nixdo soll i jetz an Wunsch frei haba?"

„Ha wenn i sag! I bin eba ein vowunschener Wurm und bei uns Würm sieht's a bissle onderscht aus!"

„Also bitte, alles was recht isch! Von vowunschene Würm hab i no nie ebbes ghört. Gibt's so ebbes überhaupt?"

„Ha du siehsch doch, dass i schwätza kann! Moinsch du vielleicht an schtinknormaler Wurm däd schwätza könna?“

„Ähm ... noi, net so direkt. Aber i weiß genau, dass mr bloß an Wunsch frei hat, wenn mr vorher ebbes Guat’s drfür do hat – so viel isch sicher.“

„Ja, aber i bin halt ein Wurm! Voschtehsch? I bin koin Frosch und koin Flaschageischt. I bin ein Wurm. Ein W-U-R-M!!“

„Desweg muasch du no lang net so brülla. Was dädsch mr denn du für’n Wunsch erfülla wella, wenn i mir ebbes wünscha däd? Net, dass des nachher au onderscht geht und i hab dr Dreck. Bei so Würm weiß mr jo nie was drinschteckt!“

„Oh je, i kriag glei Kopfweh!“

„Kopfweh? Wo willsch denn du Kopfweh kriaga, du hasch doch gar koin! Wahrscheinlich bisch du irgendso a kloine Schlanga oder so. Die hent jo scho domols mit de Äpfel ihr Uwesa trieba. Wer weiß, was mi des am End koscht.“

„Des koscht di überhaupt gar nix und jetz sei oifach so guat und leg den Äpfel wieder nunder. Meh will i doch net von dir.“

„Was, meh net?“

„Ja, oifach wieder zrück ins Gras. Und wenn du dir nix wünscha willsch, no läßsch's eba bleiba. Net, dass nachher heißt, i hätt di zu ebbes zwunga.“

„I lass mi au zu nix zwinga, des wär jo no schöner! I kann so viele Äpfel ins Gras lega wie i will. Do brauch i koin Wurm drzua!“

„Bitte, bitte – oifach ins Gras...“

„Wega mir! Damit a Ruah gibsch leg i dein Äpfel halt wieder nunder! So ebbes aber au! Do will mr in aller Ruhe a bissle schpaziera geh und no läuft oim so a blöd's Viech über dr Weg. Seit se nimme mit oschtändichem Gift schpritza, kommt wieder oi Lumpazeig ums onder hoch. Lieber dabb i doch in dr gröschte Scheiß-haufa nei, als dass i noch amol so'n wurmicha Äpfel in'd Hand nehm...

Puh! Ja sag mir bloß, was isch denn des für a elende Sauerei? Des isch jo ekelhaft!"

„Bitte? Was isch los?"

„Ha do gugg doch her! Uff oimol isch do an riesagroßa Hundshaufa – und i schteh mittadrin!"

„Also gell, i kann nix drfür – i hab bloß dein Wunsch erfüllt..."

Nix übrig

Es schpart dr Jüngling net mit Triebe,
es schpart dr Schpötter net mit Hohn.
Des Amor's Pfeil schpart net mit Liebe,
es schpart des Mega net mit Phon.

Es schpart dr Dichter net mit Worte,
dr Auerhahn schpart net an Balz.
Es schpart dr Bäcker net mit Torte,
dr Koch schpart meischtens net am Salz.

A alte Haut schpart net an Runzel,
dr Mächtige schpart net an Macht.
An Licht schpart manche trübe Funzel,
es schpart an Hellichkeit die Nacht.

Es schpart dr Himmel net mit Weite,
dr Traubabeer schpart net an Kern.
Es schpart dr Herrgott net mit Güte,
es schpart des Weltall net an Schtern.

So schpart a jeder, was ihm meglich,
des, was'r will – des, was'r mag.
Bloß i schpar wieder viel zu wenig
und des au no am Weltschpardag.

Schwäbisches Risaigling
oder
von oim zum ondra

„Dankschö – wär net nötich gwä,
du bisch halt doch an Schatz.
Des Väsle isch jo wunderschö,
des kriagt an Ehraplatz!"

Doch ehrlich gsa, des gfällt mr net.
Zu was braucht mr so Sacha?
Ein Glump, ein Riaschter, so ein Dreck.
Was soll i bloß mit macha?

I schmeiß in Oimer nei, sofort,
um des däd koiner blähga.
Wahrscheinlich isch die Vas net kauft,
sondern im Schperrmüll glega.

Doch halt, des wär doch – ja i hab's,
a Gschenk für'd Lina-Tante.
Was duad mr net und au no gern
für liabe Ovowandte.

Zum Achtzigschta, ja des isch schlau,
bin i's glei wieder los.

No isch se weg und obadrei
hab i was gschpart – famos!

In lilablauem Gschenkpapier,
do kriagt se's präsentiert.
Was für a Freid, sie kriagt koi Luft,
so isch die Frau gerührt.

„Jetz isch die Vas scho wieder do,
ja heidanei i schpinn!
Mei Lebdag kriag i die net los,
die raubt mr no dr Sinn.

Scho fünfmol hab i se voschenkt
und jedsmol kommt se wieder.
Mol vom Karlheinz, mol von dr Ruth
und heit von dir, mein Frieder.

Jetz gugged her, i mach se hie
und schlags in Scherba glei.
Im nägschta Johr, damit ihr's wisst,
will i von euch an Wei!!"

Die Erschaffung des Weibes
oder
doch koi Ripple?
(sehr frei nach einer indischen Legende)

Die Schöpfung, gell, des sott mr wissa,
die hat jo domols ganz guat klappt.
Bloß oimol isch'r – unser Schöpfer,
beim Schöpfa halt drneba dappt.

Denn wie er wollt des Weibsbild forma,
do hatte er mit aller Kraft
die ganze gscheite, ganze guate
Baschtelsächla längscht voschafft.

Wie soll mr ebbes Nei's beginna,
wenn net oin Fatz meh übrich isch?
So fegt'r halt, was noch so rumfährt
a bissle zamma mit ma Wisch.

Er nimmt den Samt von Rosaknöpfla
und Leichtichkeit vom süaßa Traum.
Den Glanz von blanke Hosaknöpfla
und Sanftheit von ma Gänseflaum.

Den schlanka Wuchs von Bohnaschtecka,
drzua des Mondes volles Rund,

die Bollahitz von Sonnaschtrahla
und Schärfe von ma Rettichbund.

Er nimmt den Duft von Maiablüamla,
die Anmut von ma edla Schwan,
die Zartheit von ma feina Mösle
und Zähichkeit von Walfischtran.

Von Ugeduld a kloines bissle,
au Eitelkeit – a bissle meh,
drzua des Funkla der Geschtirne
und noch des Scheue von ma Reh.

Des Gschnatter von ma Teich voll Enta
und Kralla von ra Schmusekatz,
die Zartheit von de Pfirsichbäckla
und's Funkla von ma kloina Schatz.

Er nimmt den Fleiß von Honichbiena
und's Zittern noch vom Eschpalaub,
drzua vom Morgatau die Träna
und's Brüschtle von ra Züchterstaub.

Die Feuersgluat vom Holzbackofa,
den Liebreiz von ra Zuckerschnut,
den feschta Griff von Ackerwinda,
a bissle Gift von Schlangabrut.

Ja und aus noch viel meh so Sächla,
do hat'r, als wär's Zeitvotreib,
in aller Seelaruhe bäschtelt
dem Adamle sei Eheweib.

Schenkt se dem Kerle zur Geschpielin
und schtellt se ihm dann glei vors Tor.
Doch noch bevor oi Woch voflossa,
do schellt der scho am Himmelstor.

*„Also mein liaber Gott, i will jo
mi net sofort bei dir beschwern,
doch des, was du mir do jetz gmacht hasch,
drgega muass i mi scho wehrn!*

*Weil dieses Weib, des mecht mi narret,
weiß alles besser Dag und Nacht.
Des schwätzt und bruddelt in oi Loch nei –
oh liaber Gott, was hasch do gmacht!*

*Die Frau raubt mir die letschte Nerva
und hat mir grad no gfehlt zum Glück.
Des Weib vogiftet mir mei Leba,
jetz sei so guat und nimm se zrück."*

So hat'r Mitleid ghett, dr Herrgott
und duad die Eva wieder nei,

HIMMELS
PFORTE

doch scho am nägschta Morga läutet
dr Adam Schturm und mecht a Gschrei.

„Ach Herr, wie bin i jo so traurich,
wie isch mei Leba fad und leer.
Komm sei so guat und gib mir bitte
mei Allerliabschtes wieder her.

Oh wie war se sanft und friedlich,
zuckersüaß und seelaguat.
Oh wie war se zart und niedlich
und so voller Liebesgluat."

Durch dieses bitterliche Klaga,
do war dr Schöpfer arg bewegt
und hat dem Adam, wie er's gwellt hat,
sei Evale vor'd Haustür glegt.

Doch drei Däg schpäter, kaum zum glauba,
do boggelt's wiederum am Tor.
Dr Adam, der war am vozweifla,
es war no schlimmer wie zuvor.

„Oh Elend, s'isch net auszuhalta,
oh hätt i se bloß niemols ghett.
Es gibt koi liebes Wort, koi Küssle,
gell und vom ondra schwätz i net.

Dr halbe Dag isch se am butza,
die onder Zeit rennt se in'd Schtadt
und hockt im Kaffee mit dr Freindin –
do geht dr schtärkschte Mo schachmatt.

Derweil derf i bloß s'Geld hoimschleifa,
doch net mit mir, denn jetz isch Schluss!
Mit diesem Weib isch's koi Vognüga,
bloß riesagroß isch der Vodruss!

Drum sei so guat, mein Herr im Himmel
und nimm von mir die Fraualascht.
Wenn net, no hol i mir a Schtrickle
und häng mi an dr nägschte Ascht!"

„Guat, wega mir, in deinem Falle
will i mol jetzet net so sei.
Grad oimol will i se no nehma,
gell, aber no muasch zfrieda sei!"

Und kaum a Woch war bloß voganga,
do schtand bereits zum dritta Mal
dr arme Adam vor'm Herrgott,
total zerknirscht und voller Qual.

„Oh jeh, i bin ein armer Sünder
und hab gezweifelt an deim Werk.

Komm, bitte, bitte sei mir gnädich,
weil i seh nimme über'n Berg.

Meine Seele isch zerrissa
und mein Geischt gibt bald scho uff
und es ploogt mi mei Gewissa,
ehrlich – i bin net guat druff."

„Oimol kriagsch se jetz no wieder",
schprach voll Milde unser Gott
„und dann will i nix meh höra,
ja heidanei und sapperlott!"

Voller Freid schritt Adam nunder,
die Himmelsleiter mit seim Weib.
Doch grad scho uff dr dritta Schprosse,
do hent die zwei dr gröschte Schtreit.

„Lumpaseckel! Allmachtsdackel!"
„Saumensch! Beißzang! Vogelschaich!"
„Bockschpitz! Trialer! Bollafresser!"
„I schlag di glei windelweich!"

Kaum hat dr Chef den Krach vernomma,
do hat'r gschria mit rotem Grind:
„Ihr brauchet mir fei nimme komma,
denn mei Geduld isch jetz zu End!

Machet, dass ihr weiterkommet,
bei euch, do fällt mir nix meh ei.
I glaub jo bald, so wie ihr's treibet,
muass des die wahre Liebe sei!

Du hasch se gwellt, jetz muasch se bhalta
und alles Fleha hat koin Zweck.
Jetz muasch halt gugga,
wie de klarkommsch,
ja Adamle – jetz hasch dr Dreck!"

*

Oh unser Adam hat's voschissa,
wie er's au oschtellt isch's vokehrt.
Schtets isch'r hin- und hergerissa
vom Weib –
voflucht und doch begehrt.

* * *

Wenn's Weib net drhoim isch –
isch dr Mo Meischter.

Oifach laufa lassa

(ein mit oder ohne Alkohol leicht verschwommenes Gedankaschpiel)

Leit, i bin schtark vousichert! Seit i vor kurzem glesa hab, dass dr Mensch zu über siebzich Brozent aus Wasser beschteha soll, schteht mir's innerlich bis zum Hals. Net, dass i koi Wasser votraga däd, noi, sogar äußerlich schad des bei mir nix. Doch alloi die Tatsach, dass mr als Mensch sei Leba lang kurz vor'm Untergang schteht, macht oin doch irgendwie fertich.

Wenn mi geschtern ebber gfrogt hätt, aus was dr Mensch beschteha däd, wär i natürlich uff alle erdenkliche Anworta komma, aber bloß net uff Wasser. Viel liaber wär mr doch aus Intelligenz, Eifallsreichtum, Schportlichkeit, Eifühlungsvomöga und jugendlichem Elan zammabaut. Aber solche Sacha sind, wenn überhaupt, dann leider bloß in leichte Schpura vorhanda. Bloß, wenn's meischte in oim aus läbbricher Brüah sei soll, no müasst doch des bissle Voschtand, des mr vielleicht hat, grad wie a Fettaug uff ra Fleischbrüah druffrum schwimma! Ha des wäret doch scho saumäßich trübe Aussichta oder net?

Erwiesenermaßa hat dr Mensch von sich selber a falsches Bild, weil eba jeder moint, dass so, wie mr selber isch, au alle ondre sei sottet. Vor lauter Selbschtvoliebtheit sieht mr sich selber net so, als wie mr tatsächlich isch. Von doher könnt an der Siebzich-Brozent-Wassertheorie jo ebbes dro sei. Nur däd mr sich, wenn mr bis oba nauf voll wär, halt selber nimme für voll nehma und zudem müasst oim jo des viele Wasser bei jedem Schritt buchschtäblich zu de Ohra oder sonschtwo nauslaufa. Wasserbäuch, Wasserköpf und Wasser in de Füaß soll's jo geba, aber so guat wie dreiviertelsvoll – also ehrlich, des kann oim koiner weismacha wella!

Guat, bei manche isch, obwohl dr Meggel boggelhart, des Hirn a weiche Masse und von dr Konsischtenz eher mit ma uffgangena Hefeteig zu vogleicha. Dicke Bäuch gibt's allaweil gnuag, doch schtatt Wasser finda sich Göggelesfriedhöf, Rettungsring und Biermuskla. Wenn mr die haufa Brüah alloi in'd Füaß abfülla däd, no ging's doch glei im hoha Boga zum nägschta Schpuntloch wieder naus. Mr kann also dr ordentlich vollgetankte menschliche Körper dreha und wenda wie mr will, mr kommt oifach uff koin grüana und scho gar net uff'n trockna Zweig.

Desweg derf mr am Schluss onehma, dass dene Wissaschaftler, wo des behauptet hent, vomutlich nach Genuss von klare Wässerla dr Geischt abhanda komma sei muass und se s'Komma vowechselt hent. Womeglich hent se sogar dr Alkoholgehalt mit drzua zählt und sind hinterher selber voschrocka. Schließlich weiß mr doch, dass dr nüchterne Durchschnittsbürger scho von Haus aus eher furztrocka isch. Meh wie a feuchte Ausschproch isch meischtens net drin.

Falls aber an dene siebzich Brozent vielleicht doch irgendebbes dro sei sott, no wella mir uns dieser Erkenntnis net länger voschließa und drinket halt ab und zua mol oiner – oder au zwei. Erschtens muass mr jo sicherheitshalber die schtändiche Vodunschtung wieder ausgleicha und zweitens will mr sich jo net noochsaga lassa, dass mr ubelehrbar wär.

Außerdem derf mr, trotz manch feuchtem Drinkgelage, ganz beruhicht sei, dass in oim drin eba so viel meh eigfüllt isch, als wie bloß des, was mr gsoffa hat. Denn rein wissaschaftlich betrachtet beschteht dr Mensch zwar so guat wie sicher zu siebzich Brozent aus Wasser, aber aus was dann dr Rescht sei soll, des kann dir, au bei aller Oschtrengung, koiner so recht saga.

Aber so bleibt eba au die Zuversicht beschteh, dass do, in uns drin, doch no irgendebbes sei muass, was bei wohlwollender Betrachtung doch irgendwie an Wert hat.

Ja und in dr Zwischazeit, bis die letschte Zweifel vollends abgsoffa sind, machet mir doch am Beschta so weiter wie seither au und saget oifach: „Laufa lassa!"

* * *

Unterm Schtrich

„Immer reina Wei eischenka", hat seller Wirt gsa und isch drbei immer a klois Schuggerle drunter blieba.
„S'merkt koiner – und unterm Schtrich hab i alladritt wieder a bissle meh…"

Herbschtvirus

Endlich isch dr Herbscht im Fass,
frisch und voller Kraft –
brausend wild benimmt'r sich,
dr süße Rebasaft.

Und wie er schäumt und wie er tobt,
schier schießt'r aus'm Schpunta.
Ganz hälinga, do freit mr sich
bereits auf frohe Schtunda.

A erschtes Glas, des prickelt räs,
a zweites schnell, des schmeckt,
a drittes noch und mit Genuss
die Lippa abgeschleckt.

Doch hoppla, halt, jetz sag mir bloß,
was isch uff oimol mit mir los?
Es gurgelt, blubbert, surrt und schafft
und pfeift gar in dr Hos!
Es wird doch wohl koin Virus sei,
der mi jetz hat erwischt,
der sich do eigeschlicha hat
geheim und voller Lischt.

Mir isch's so komisch und so letz
und inwändich so flau.
Im Fasse gärt dr neie Wei,
i glaub, in mir gärt's au...

Vision

Wenn mr geschtern scho wüsst,
was morga wär,
wär mr heit scho gscheiter
und sich selber voraus.

Wenn mr vorgeschtern scho gwisst hätt,
was geschtern gwä wär,
wär mr morga scho
so gscheit wie heut.

Und wenn'd heut scho
so gscheit bisch wie morga,
no wär doch egal, was geschtern war.

Oder lieg i womeglich
doch drneba
und will wieder alles besser wissa?

Gell, wenn mr's bloß wüsst!

So isch's

Wer ondere nix gelta lässt,
der nimmt sich viel zu wichtich.
Wer immer alles besser weiß,
der liegt net immer richtich.

Wer selber koi Kritik voträgt,
der hält am beschta s'Maul,
und wer bloß duad, was mr'm secht,
isch bloß zum Denka z'faul.

Wer ringsrum nix zu schätza weiß,
isch selber au nix wert,
und wer nix schafft, ja sell isch gwieß,
der macht au nix vokehrt.

Wer von sich moint, er häb an Gschmack,
schtinkt oft bloß aus dr Hos.
Wer sich nur große Brocka fischt,
voschtickt bald an ma Kloß.

Dem, der nie's Glück am Kraga packt,
rinnt's Leba durch die Händ.
Mit dem, der nie an Ofang find,
geht's umso schneller z'End ...

Allerletzte Abschiedsbriefe

In zwanzich Jahren Eheschtand,
do hab i ois doch wohl erkannt:
Dein beschter Freind, der isch mir lieber,
drum mach es guat mein alter Frieder!
I geh mit Klaus und wandre aus.
Mir ziehet nach Amerika –
es grüßt dich herzlich – *Erika*

*

Früher brannte noch a Feuer,
für mi, do war dir nix zu teuer.
Heut kennsch du bloß no Geiz und Gier,
doch lass dir saga, net mit mir!
Denn jetz sind deine Konten leer –
es grüßt *Babett* – vom Mittelmeer.

*

Drhoim warsch du ein Sklavatreiber
und glotzt hasch bloß nach ondre Weiber.
Doch oin wie dich trifft dann und wann
dr Schtromschlag in dr Badewann.
An letschter Zugger, no bisch hie –
in treuer Liebe – dei *Marie*

Bisher erschienen:

dr Schwobaseckel Band 1	ISBN 3-9806999-1-9
dr Schwobaseckel Band 2	ISBN 3-9806999-0-0
dr Schwobaseckel Band 3	ISBN 3-9806999-2-7
Rotzböbbela	ISBN 3-9806999-3-5
Saitawürschtla	ISBN 3-9806999-4-3
Betthupferla	ISBN 3-9806999-5-1
Gedanka-Breggela	ISBN 3-9806999-6-X
auf dr Sau naus!	ISBN 3-9806999-7-8
Schwäbische Sketch-Parade	ISBN 3-9806999-8-6
no nix Narret's!	ISBN 3-9806999-9-4
kloine Wunder – Bildband	ISBN 978-3-9811-4950-0
kleine Wunder – Bildband hochdeutsche Ausgabe	ISBN 978-3-9811-4951-7
boggelhart und windelweich	ISBN 978-3-9811-4952-4

guat gmoint und saudumm gloffa ISBN 978-3-9811-4953-1

Der große ‚Schwobaseckel' ISBN 978-3-9811-4954-8

Schwäbische Volltreffer ISBN 978-3-9811-4955-5
Hörbuch-CD

i glaub, s'geht los! ISBN 978-3-9811-4956-2

Weitere Titel in Vorbereitung...

Zu erhalten im Buchhandel oder direkt beim Verlag Albeck, Kirchgasse 14, 74223 Flein

* * *

Tauchen Sie auch auf unserer Internetseite ***www.saitenwurscht.de*** in die Vielfalt unseres Angebotes ein. Dort können Sie unsere Bücher auch direkt in unserem ***online-shop*** bestellen.

Herzlich willkommen!